Umschau

CLAUS SPITZER-EWERSMANN
MAREIKE LANGE
MARKUS TOLLHOPF

EINE KULINARISCHE ENTDECKUNGSREISE

Hamburg
und das Alte Land

Umschau

INHALT

EIN ECHTES HAMBURGER KLEINOD IST DIE BURG AUF DEM SÜLLBERG.

KARTE
Hamburg und das Alte Land

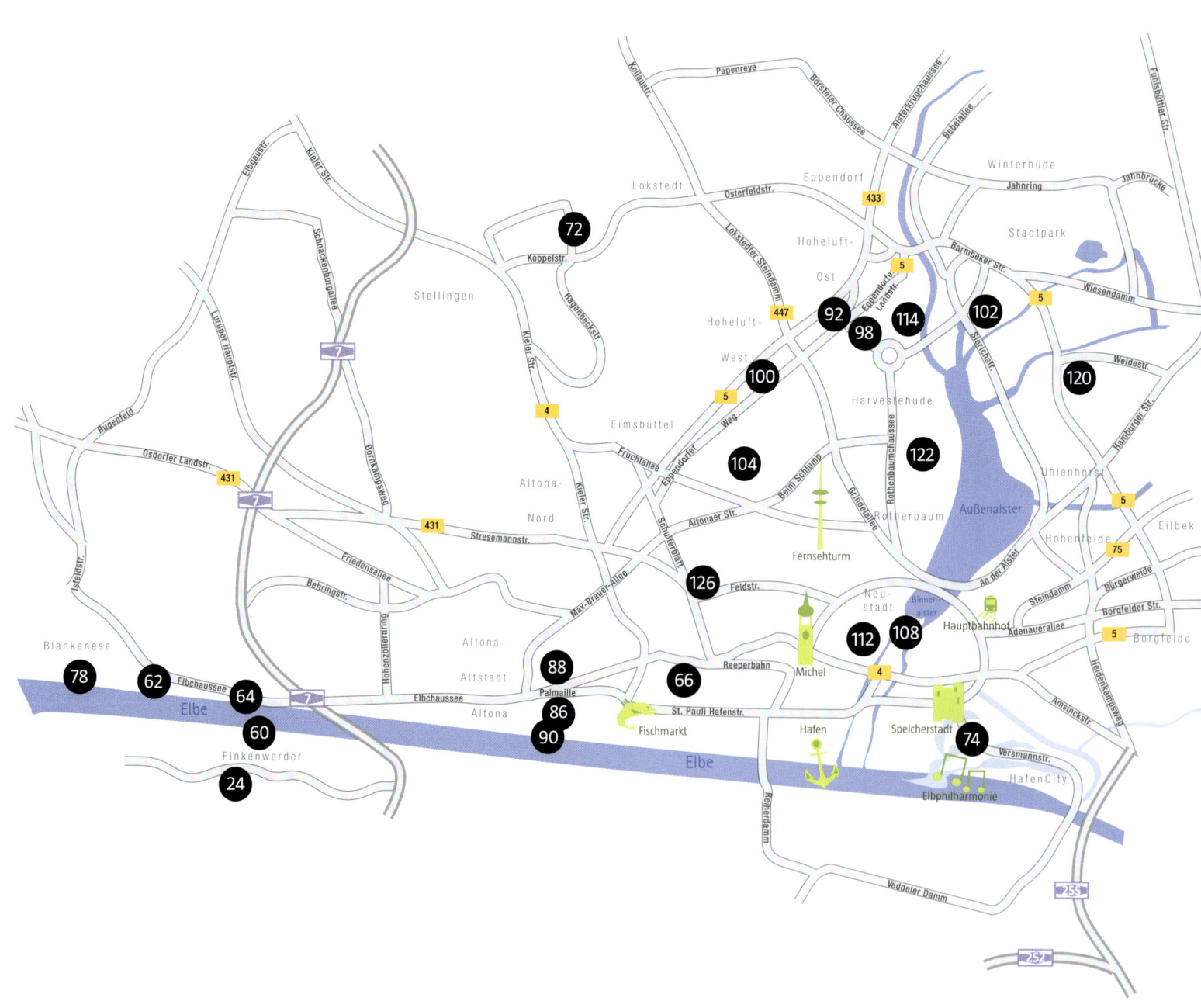

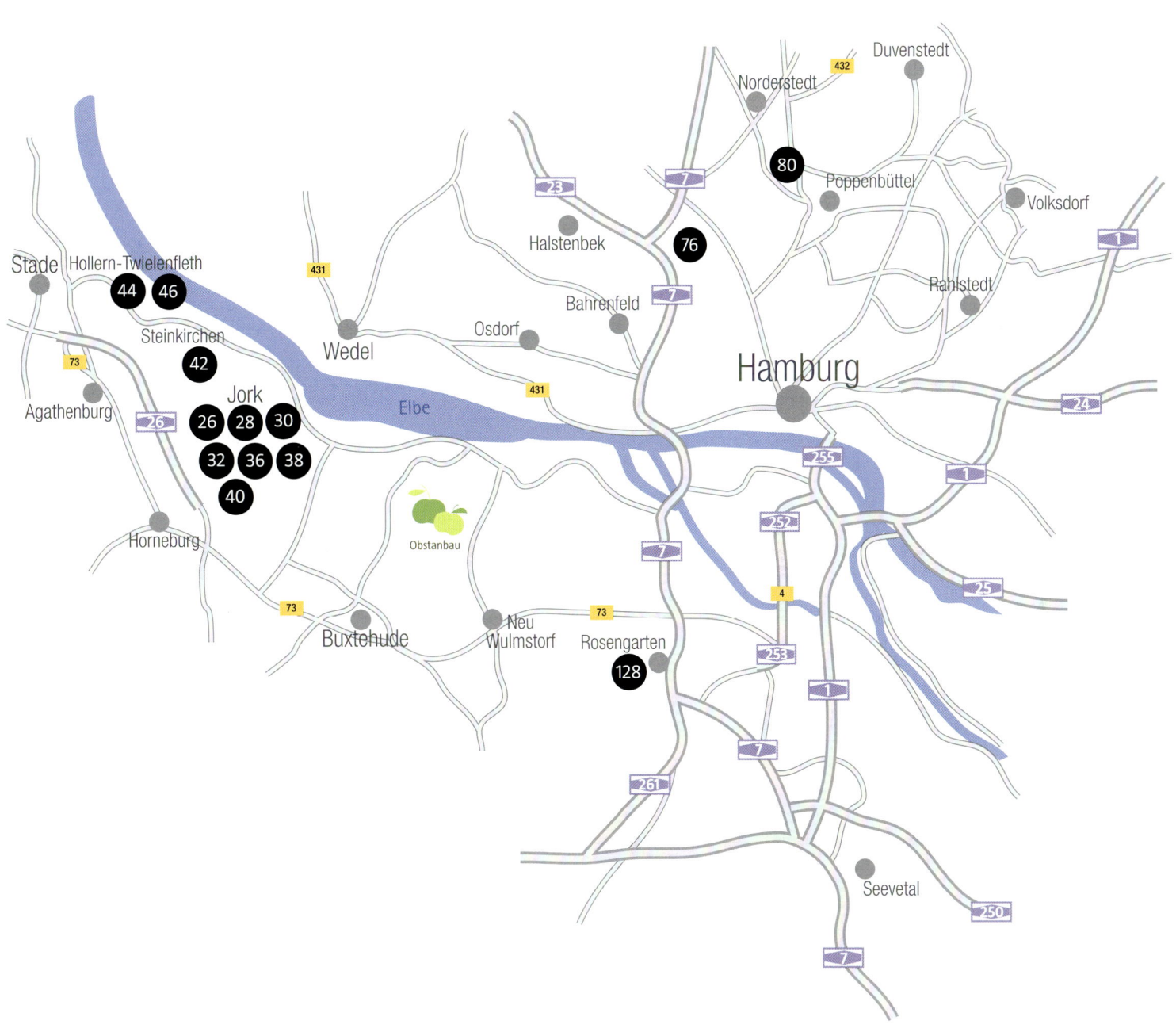

Duvenstedt
Norderstedt
432
80
Poppenbüttel
Volksdorf
76
Halstenbek
23
Bahrenfeld
Rahlstedt
7
7
1
Stade
Hollern-Twielenfleth
44 46
Steinkirchen
431
Osdorf
Wedel
Hamburg
42
431
Elbe
24
73
Jork
Agathenburg
26 28 30
255
Horneburg
32 36 38
40
1
252
Obstanbau
25
73
4
Neu
73
Buxtehude
Wulmstorf
Rosengarten
253
128
1
7
261
7
Seevetal
250
7

28 Die Zahlen in der Karte sind identisch mit den Seitenzahlen der
verschiedenen Betriebe in diesem Buch und zeigen ihre Lage in der Region.

BLICK ZUR ELBPHILHARMONIE, MORGENS UM SECHS UHR.

VORWORT

Puh, was für eine Frage! Wo kann man denn in Hamburg besonders gut essen gehen? Die Antwort fällt schwer. Natürlich nicht, weil womöglich niemandem ein guter Name oder eine exzellente Adresse einfallen würde. Sondern weil es davon unglaublich viele gibt, weil die Auswahl schier endlos ist. Hamburg zählt kulinarisch zu den großen Nummern im Lande, wird dem Anspruch der Weltstadt auch in dieser Hinsicht vollauf gerecht. Für jeden Geschmack ist etwas Passendes dabei. Hier gibt es die bekannten Häuser mit ihrer feinen Traditionsküche, dort drüben die jungen wilden Topf- und Pfannenhelden, die die alten Regeln ignorieren und es auf eigenen Wegen versuchen. Zwei Konzepte, ein Effekt: es schmeckt!

Geheimtipps? Gibt es wie Sand am Elbstrand. Unterschätzte Newcomer? Finden sich in jedem Viertel. Sympathische Originale sogar an fast jeder Straßenecke. Diese Stadt muss man neugierig erleben und offen sein für neue Einflüsse. Nichts bleibt, wie es war. Alles ist in Bewegung, häufig in rekordverdächtigem Tempo. Auch für die Liebhaber einer guten Küche ist Hamburg so etwas wie ein großes Überraschungsei. Sie gieren nach einer kreativen Kochkultur, nach verblüffenden Aromen und ungewöhnlichen Rezepten. Wer am Herd nicht nur auf unkonventionelle Weise agiert, sondern ein außergewöhnliches Ergebnis auf den Teller bringt und zudem ein wenig Zeit findet, zwischen den Gängen entspannt mit seinen Gästen zu plaudern, wird einem Popstar gleich verehrt. Und sein Name verbreitet sich wie ein Lauffeuer in der Stadt.

Wo Feinschmecker mit ihrer kulinarischen Entdeckungsreise durch die quirlige Elbmetropole beginnen, bleibt sich im Grunde gleich. Ebenso, ob man sie als gemütlichen Ausflug zu den Ecklokalen des Stadtteils in Angriff nimmt, sich auf einen mutigen Abenteuertrip durch exotische Geschmackswelten begibt oder eine Exkursion zu den Gourmettempeln startet, über denen die Sterne funkeln. Eine gute Idee ist es auch, zu kombinieren und dem Gaumen durch Abwechslung richtig Zunder zu geben. Erst kommen Labskaus und Aalsuppe auf den Tisch, dann Sushi oder eine pochierte Gelbflossenmakrele.

Stationen für reizvolle Zwischenstopps bietet eine solche Reise durch Hamburgs gastronomische Szene in Hülle und Fülle. Langweilig wird es dabei sicherlich nicht. Aber seien wir ehrlich: Die Qualität des Speisenangebots bildet lediglich die eine Seite der Medaille. Daneben zählen auch andere Details – die Lage eines Restaurants, seine Atmosphäre, die Persönlichkeiten von Wirt und Koch. Wer es versteht, seine Gäste auch in diesen Punkten zu begeistern, dürfte noch viel Freude an ihnen haben.

Keinesfalls sollte der Erlebnistrip an Hamburgs Stadtgrenzen enden. Mit der Fähre geht es von den Landungsbrücken über die Elbe nach Finkenwerder oder von Schulau nach Grünendeich ins nur wenige Kilometer entfernt liegende Alte Land. Ruhig und beschaulich geht es hier zu. Historische Fachwerkhäuser, Altländer Prunkpforten und große, weit ins Land hineinragende

Bauernhöfe bestimmen das Bild. Mit fast 11 000 Hektar Fläche bildet die Region zwischen dem Hamburger Ortsteil Neuenfelde und Hollern-Twielenfleth das größte zusammenhängende Obstanbaugebiet Mitteleuropas. Ihre ganze Pracht entfaltet sie in den Frühjahrsmonaten. Kaum sind im April die ersten Sonnenstrahlen zu sehen, zeigt sie sich als Meer aus rosa und weißen Blüten. Zuerst erblühen die Kirsch-, später die Apfelbäume. Auch Pflaumen, Birnen, Zwetschen und Beeren werden hier von den Obstbauern angebaut. In unzähligen Hofläden können Besucher sich mit den frischesten Früchten versorgen.

Spätestens im Alten Land wird aus der kulinarischen Entdeckungsreise eine Zeit- und Kulturreise, die sich am besten mit dem Fahrrad bewältigen lässt. Das vorliegende Buch soll als Wegweiser dienen – für die Millionenstadt Hamburg mit ihren vielfältigen Reizen ebenso wie für die einzigartige Region am südlichen Elbufer. Freuen Sie sich auf eine Zeit, in der Sie alle Facetten, die der Pulsschlag der Welt zu bieten hat, spüren können. Wir wünschen dabei viel Vergnügen und guten Appetit!

DAS ALTE LAND ENTDECKEN
OBST ZUM SATTSEHEN

Rad-Touristen verfahren sich auf der Obstroute durchaus einmal. Grund: die Schönheit der Umgebung

Das Vorhaben steht fest, die Lust ist groß, die Fitness vorhanden: Auf eine Radtour ins Alte Land südlich der Elbe soll es gehen. Am Lühe-Anleger bei Grünendeich angekommen, dem idealen Startpunkt der Obstroute, gilt es noch, den kulinarischen Verlockungen aus frischem Fisch und Gegrilltem zu widerstehen und sich für eine der beiden Strecken zu entscheiden. Noch ein letzter Blick auf Boote und Schiffe und dann kann es mit einem entschlossenen Tritt in die Pedale auch schon losgehen, immer der Beschilderung mit Apfel- und Kirschmotiv nach.

Route eins führt zunächst auf und neben dem Deich an der Elbe entlang mit einem Blick auf das, was das Alte Land so einzigartig macht: Obstbäume, soweit das Auge reicht. Millionen von ihnen stehen hier. Dazwischen sind immer wieder fleißige Arbeiter zu sehen, die mit viel Liebe zum Detail die Bäume pflegen. Gerade im Frühjahr, wenn die Blüte in voller Pracht steht, ist die Fahrt ein wundervolles Erlebnis. Nur sollte man als Radler dabei nicht ganz vergessen, den Blick auf den Weg zu richten – die überwiegend gut befahrbaren Strecken sind ordentlich belebt.

Vorbei am ehemaligen Leuchtturm und am Freibad in Twielenfleth geht es entlang des Flüsschens Schwinge weiter Richtung Stade, wo sich eine kurze Verschnaufpause ebenso anbietet wie ein längerer Aufenthalt. Denn die Stadt zieht Besucher mit ihrem historischen Stadtkern, schönen Fachwerkhäusern und dem Hansehafen an. Nach dem Aufbruch fällt auf: Vor der Abfahrt sollte sich ein Radtourist mit der Strecke vertraut machen oder eine detaillierte Karte mitnehmen – in Stade und an anderen Punkten kann es durchaus passieren, vor lauter hübschen Eindrücken die Beschilderung der Obstroute zu übersehen. Wer sich verfährt, muss sich aber nicht grämen, es gibt auch abseits des Kurses viel zu entdecken. Nicht zuletzt die vielen Obsthöfe, die Gesundes aus dem Alten Land anbieten.

Ein Blick in die Geschichte zeigt, wie viel Arbeit notwendig war, um dieses einzigartige Naturparadies entstehen zu lassen. Holländische Siedler waren es ab dem zwölften Jahrhundert, die mit hohem Aufwand Entwässerungsgräben zogen und das immer wieder überflutete Land nach und nach urbar machten. Stück für Stück erschlossen sie das Hinterland, das später den idealen Nährboden für den Obstanbau bot. Das bereits bearbeitete Gebiet wurde als „Altes Land" bezeichnet, das zunächst noch unbearbeitete als „Neues Land".

Das Obst an sich stand für die Menschen dabei zunächst gar nicht im Mittelpunkt. Für die Kleinbauern, Handwerker, Fischer und Händler stellte es nur einen Nebenverdienst dar. Der Durchbruch gelang 1929, als der Obstbauversuchsring gegründet wurde. Zehn Jahre später wurde mit 3,1 Millionen Zentnern Äpfeln, Birnen, Kirschen und Zwetschen eine Rekordernte eingefahren. Diese Früchte machen bis heute den Großteil der Anbaufläche von rund 11 000 Hektar aus. 250 000 Tonnen werden jährlich im größten zusammenhängenden Obstanbaugebiet Nordeuropas geerntet, 90 Prozent davon sind Äpfel.

Zurück aufs Rad: Hinter Stade folgt ein langer Abschnitt der Strecke der Bahnlinie. Unbedingt empfehlenswert ist hier ein Halt am Schloss Agathenburg. Es locken Ausstellungen, ein Park und ein schöner Blick auf das Elbtal. Über Horneburg führt der Weg weiter durch die Gemeinden Neuenkirchen, Guderhandviertel, Mittelnkirchen und Steinkirchen mit zahlreichen Gebäuden, die dank ihres Buntmauer-Fachwerks ganz besondere Blickfänge darstellen.

Diese Häuser gehören zu den markantesten Sehenswürdigkeiten im Alten Land. Ihren Ursprung haben sie mutmaßlich in Holland, die Siedler von dort errichteten sie als Bauernhäuser. Der Wandverband ist in Vierecke aufgeteilt, die alle jeweils unterschiedlich ausgestaltet sind. Jede Fassade ist so ein individuelles Kunstwerk. Typisch für die Bauweise sind auch die Giebel mit ihren aus Holz geschnitzten Zierden. Gekreuzte Giebel-Schwäne an vielen Gebäuden verweisen wieder auf die holländischen Wurzeln; vermutet wird, dass sie als Stammeszeichen der Siedler galten. Heute lässt es sich hier übernachten: Einige der Fachwerkhäuser dienen als Unterkunft für Urlauber.

Nach dem Passieren der schmucken Hogendiekbrücke mit ihren vielen, von Verliebten gravierten und angebrachten Schlössern nahen schließlich der Elbdeich und das (Zwischen-) Ziel, das auch Startpunkt war: der Lühe-Anleger. An der Seite der unzähligen Biker, die sich hier regelmäßig treffen, sei dem Radler nun nach knapp 37 Kilometern Fahrt eine kulinarische Stärkung erlaubt.

Der Blick fällt dabei fast zwangsläufig auf den Deich, ohne den hier oft genug Land unter wäre. Wer sein Grundstück am Wasser hatte, war schon zu Zeiten der Kolonisierung für sein Stück des Deiches verantwortlich. Bei Vernachlässigung drohten harte Strafen, schließlich stellten Sturmfluten eine erhebliche Gefährdung dar. Konnte ein Anwohner seinen Pflichten nicht mehr nachkommen, wurde als Zeichen des Bankrotts ein Spaten in die Deichkrone gestochen – der Ausschluss aus dem Deichverband und der Verlust des gesamten Landbesitzes waren die Folgen. Die Deichverbände gibt es bis heute.

Die Erkundung des Alten Landes ist derweil längst nicht beendet. Ob an einem anderen Tag oder als zweite Etappe gleich hinterher – die südliche Schleife der Obstroute wartet ebenfalls mit tollen Impressionen auf. Vom Lühe-Anleger aus geht es zuerst ein kleines Stück entlang der zuvor bereits befahrenen Strecke. An Mittelnkirchen und vielen dicht bewachsenen Obstfeldern vorbei ist das nächste Ziel die Gemeinde Jork. Wer mehr erfahren möchte über das prächtige Gebiet, durch das er gerade fährt, dem sei ein Besuch im Museum Altes Land ans Herz gelegt. Jork hat aber noch mehr zu bieten: An der südwestlichen Grenze Hamburgs und im Zentrum des Alten Landes gelegen steht zum Beispiel die prachtvolle Mühle Aurora im Ortsteil Borstel.

Kurz vor Hove hat der Radler dann die Qual der Wahl, denn entlang der Este ist ein südlicher Abstecher nach Buxtehude ebenso denkbar wie die nördliche Weiterfahrt nach Cranz. Egal, wie die Entscheidung ausfällt – Obstbäume, weite Felder, wunderschöne Häuser, Einkehrmöglichkeiten im Grünen und in den kleinen Ortschaften –, sattsehen kann sich der Besucher hier praktisch nie.

Wer die Zusatzkilometer nach Buxtehude in Angriff nimmt, wird seinen Entschluss nicht bereuen. Die über tausendjährige Stadt mit ihren 40 000 Einwohnern bietet vielerlei Attraktionen. Als Schauplatz der Geschichte vom Hasen und dem Igel hat sie sich einen Namen als Märchenstadt gemacht. Die beiden Hauptdarsteller des läuferischen Wettstreits sind die Maskottchen Buxtehudes und wurden 1968 im „Has´-und-Igel-Brunnen" verewigt. Von hier aus bietet sich ein Rundgang durch die Altstadt an, die mit vielen gut erhaltenen Gebäuden lockt und mit zahlreichen schönen Fassaden aufwartet.

Die Schönheit des Alten Landes hat sich natürlich längst herumgesprochen, der Tourismus an Bedeutung gewonnen. Die Ausflugsmöglichkeiten, Aktionen und kulinarischen Angebote richten sich bei weitem nicht nur an Tagesbesucher – auch längere Urlaube sind hier möglich. Langeweile kommt gewiss nicht auf. Bei Apfeltagen, Mühlen- und Blütenfest steht der Bezug zum Obst im Mittelpunkt, ebenso am Tag des offenen Hofs im September. Wer tiefer eintauchen möchte in die Geschichte, ist bei einer der vielen Gästeführungen gut aufgehoben: Eine in traditionelle Tracht gekleidete Altländerin führt die Teilnehmer durch die Historie des Marschlandes und gibt Einblicke in das Leben in der Region.

Zum großen Tour-Finale im Anschluss an einen idyllischen Abschnitt entlang der Este genießt man noch einige Kilometer an der von großen Pötten befahrenen Elbe, bevor die Zieleinfahrt am Lühe-Anleger den Schlusspunkt setzt. Dabei ist Schlusspunkt eigentlich nicht der richtige Ausdruck. Denn wer einmal die Obstroute gefahren ist, macht es bestimmt noch ein weiteres Mal.

GEMÜTLICHKEIT IN REINKULTUR

Neuenfelde grüßt mit einem der schönsten Cafés im Alten Land

Dieser Duft! Wer da nicht Appetit auf leckeren Kuchen bekommt, weiß nicht, was gut ist. Anne-Cathrin Giese und ihre Mutter sind gerade beim Backen. Buchweizen- und Nuss-Marzipan-Torte stehen auf der Karte, natürlich Butter- und Apfelkuchen, dazu monatliche Highlights wie die Rübli-Torte. Alles aus eigener Herstellung und vieles zubereitet nach Rezepten aus Omas Sammlung. „Darauf legen wir größten Wert", sagt Anne-Cathrin Giese. 2012 hat sie das auf einer Anhöhe gelegene Haus übernommen und im ehemals bäuerlichen Wohnraum das *Café Obsthof PuurtenQuast* eröffnet.

PuurtenQuast? Altländer wissen Bescheid: Hier sind die Quasts zuhause. Das plattdeutsche „Puurten" ist ein Beiname, der auf die große Pforte am Hofeingang verweist und bei der Unterscheidung von den vielen gleichnamigen Familien hilft. Die namensgebende und mit Löwenköpfen und Trauben verzierte „Ollanner Puurt" (Altländer Pforte) hat Probst von Finckh im Jahr 1683 errichten lassen. Sie ist heute ebenso ein Hingucker wie die mit Holzschnitzereien versehene Tür an der Vorderseite des Hauptbaus und der hübsche Garten. Das Traditionshaus zählt damit nicht nur zu den ältesten der Region, sondern auch zu den schönsten.

Für Anne-Cathrin Giese zählen indes nicht nur die äußeren, sondern auch die inneren Werte. Den vorderen Teil des Gebäudes hat sie äußerst geschmackvoll eingerichtet und mit teils historischem Mobiliar aus dem Besitz der Großeltern bestückt. In der früheren Diele des Bauernhauses steht ein mächtiges Büffet, im seitlichen Gastraum zieht eine alte Eichentruhe die Blicke auf sich. Kleine Spitzenbordüren schmücken die Fenster. Und wer ein wenig Ahnenforschung betreiben möchte, wird am ausgehängten Stammbaum seine Freude haben. „Wir sind jetzt die zwölfte Generation auf dem Hof", rechnet Anne-Cathrin Giese vor.

„Urgemütlich" ist wohl das treffende Wort für dieses Gesamtkunstwerk am Eingang des Alten Landes in Neuenfelde. Tradition wird gelebt, die Werte der Region stehen hoch im Kurs. Und die Früchte für die Kuchen und Torten wachsen weiterhin fast vor der Haustür.

APFEL-SCHMAND-TORTE
Dieses Rezept finden Sie auf Seite 48

CAFÉ OBSTHOF PUURTENQUAST
Anne-Cathrin Giese
Nincoper Straße 45, 21129 Hamburg-Neuenfelde
Telefon 0 40 / 31 79 38 51
mail@puurtenquast.de
www.puurtenquast.de

EIN HERZ FÜR ÄPFEL

Auf dem Hof von Hein Lühs wirft sich das Kernobst richtig in Schale

Apfel mit Logo – darauf muss man erstmal kommen. So wie Hein Lühs, Obstbauer in Jork. Als einmal ein kleines Blatt auf einem Apfel haftete und darunter keine Färbung zu sehen war, hatte er die Idee seines Lebens. Lühs begann – in Handarbeit! – Herzchenschablonen auf seine Äpfel zu kleben. Beim Reifeprozess blieb die Fläche darunter tatsächlich gelb, während die Früchte sonst dank der Kraft der Sonne eine gesunde rote Farbe annahmen. Der Herzapfel war geboren, die Kunden zeigten sich begeistert ob der netten Aufmerksamkeit und des originellen Geschenks. Heute vertrauen Hein und sein Sohn Rolf Lühs im Familienbetrieb zusätzlich auf modernste Lasertechnik. „Anders wäre die Nachfrage nicht zu bewältigen", verrät der Seniorchef. Längst verziert er die Äpfel auch mit anderen Motiven und Botschaften. Nur die zur Verfügung stehende Fläche der Frucht setzt der Phantasie Grenzen.

Eigenes Obst fasziniert Hein Lühs seit der Jugend. „Ich mag es schon immer, die Dinge wachsen zu sehen", sagt er. Zudem sind Äpfel sehr besondere Früchtchen: gesund und lecker, lange haltbar und vielfältig im Geschmack. „Und keiner gleicht dem anderen", merkt der Experte noch an. Wer sich davon überzeugen möchte, ist auf dem Herzapfelhof stets willkommen. Im einzigartigen Herz-Apfel-Garten mit seinen 250 verschiedenen Sorten (darunter auch einige, die für Allergiker geeignet sind), beim Selbstpflücken oder im gut sortierten Hofladen können die Besucher schnell mal ein paar Stunden verbringen. Fachkundige Führungen über das 25 Hektar große Gelände gehören zum täglichen Programm, auf die Saison abgestimmte Kostproben gibt es an vielen Sonntagen zwischen Mitte April und Ende Oktober. Auch weitere Altländer Spezialitäten werden bei dieser Gelegenheit angeboten.

Einen immer größeren Stellenwert misst das Jorker Traditionsunternehmen dem Thema Nachhaltigkeit bei. „Wir setzen verstärkt auf den biologisch-dynamischen Anbau", betont Gärtnermeister Lühs. Er weiß: Äpfel besitzen Symbolkraft. Sie stehen für Natur und eine gesunde Lebensweise. „Dafür bürgt der Herzapfelhof."

HERZAPFELHOF LÜHS
Hein und Beate Lühs
Osterjork 102, 21635 Jork
Telefon 0 41 62 / 2 54 82 0-0
info@herzapfelhof.de
www.herzapfelhof.de

TRADITION UND INNOVATION

Im Betrieb der Familie Röhrs geht's seit über 300 Jahren um die beste Wurst

Norddeutschlands älteste Fleischerei – das ist mal eine Aussage! Tatsächlich reicht die Hauschronik bis ins Jahr 1709 zurück. Johann Eckhoff, so ist nachzulesen, wurde damals „Schlachter und Krüger in Jork an der Kirche". Die lange Geschichte macht Friedrich Röhrs stolz. Zugleich stellt sie für den Fleischermeister und sein Team eine Verpflichtung dar, die Kundschaft nach bestem Wissen und Gewissen zufriedenzustellen. Röhrs hat den Betrieb 1996 von seinen Eltern übernommen und führt ihn mit Leidenschaft und Engagement in der nunmehr fünften Generation.

Ein Grundsatz gilt seit jeher: „Wir schlachten selbst." Bevorzugt wird artgerecht gehaltenes Vieh von Bauern aus der näheren Umgebung bezogen – weil man Vertrauen zueinander hat und die Art der Fütterung bekannt ist. Nicht zuletzt sind die kurzen Transportwege wichtig, um Stress für die Tiere zu vermeiden. Eine gute Grundlage für hochwertige Produkte! „Unsere Kunden bekommen in unserem Geschäft die bestmögliche Qualität", verspricht Röhrs, „nämlich gut gereiftes Fleisch, zart, naturbelassen und ursprünglich." Besonders beliebt sind natürlich die traditionellen Spezialitäten der Region, etwa Altländer Katenschinken und die Jorker luftgetrocknete Mettwurst, Bratenaufschnitt, Grillspezialitäten sowie Jorker Spieße und frische Salate.

Ein werktäglicher Mittagstisch rundet das Angebot ab. An der „Heißen Theke" wird bodenständige Kost serviert, beispielsweise Schweinebraten, Jorker Hacktopf oder leckere Erbsensuppe mit Würstchen. Die Menüs können auch außer Haus mitgenommen werden. Nebenbei bemerkt: Im Hause Röhrs hält man die Traditionen hoch, ist aber ebenfalls offen für Innovationen. Vor dem Geschäft befindet sich ein mit Fleischwaren bestückter Automat, der die Versorgung das ganze Jahr auch außerhalb der Öffnungszeiten gewährleistet. „Im Sommer bieten wir hier Steaks für die Grillfans an, in kälteren Jahreszeiten Eintöpfe und Fertiggerichte", erklärt Friedrich Röhrs. Alles aus eigener Herstellung, das versteht sich von selbst.

FLEISCHERFACHGESCHÄFT RÖHRS
Friedrich Röhrs
Am Fleet 2, 21635 Jork
Telefon 0 41 62 / 3 26
info@altlaender-spezialitaeten.de
www.altlaender-spezialitaeten.de

GASTRONOMIE ZUM APPLAUDIEREN

Ein Paar begeistert mit hohem Anspruch an Service und Geschmack

Es gab diesen Moment, in dem Danny Riewoldt und Kerstin Schulze merkten, dass sie alles richtig gemacht haben. Am Silvesterabend 2013 war das. Nachdem sie für über 50 Personen ein Acht-Gänge-Menü ausgerichtet hatten, trat das Gastronomenpaar kurz vor Mitternacht vor die Gäste, um ihnen für ihre Loyalität zu danken. „Daraufhin ist ein Gast aufgestanden und hat uns applaudiert", erzählt Kerstin Schulze rückblickend. „Und dann haben sich nach und nach alle erhoben und geklatscht."

Seit 2011 verwirklichen Riewoldt und Schulze ihre Vorstellung von perfekter Gastronomie. Sie haben dazu eine denkmalgeschützte Windmühle in Jork gepachtet, den Galerieholländer „Aurora" von 1856. Mit seinen Koch- und ihren Servicekünsten hat es Die Mühle Jork unter die besten tausend Restaurants in Deutschland geschafft, zu 14 Punkten im Gault Millau, sechs Pfannen im Gusto und zwei Diamanten im Varta-Führer. Darauf aber, betont Schulze, komme es nicht an. „Uns ist die enge Beziehung zum Gast wichtig." Auf kleinem Raum, dafür aber sehr persönlich soll sich der Aufenthalt für ihn gestalten. Dafür bietet Die Mühle Jork neben dem Restaurant ein Kaminzimmer, den ehemaligen Mehlabsackraum und bei sommerlichen Temperaturen eine Terrasse.

Um ihrer Haltung treu zu bleiben, sagen die erfahrenen Gastronomen auch einmal „nein". Zum Beispiel zur doppelten Tischbelegung am Abend. Auch bei Produkten und Zubereitung sind sie kompromisslos. „Der Gast soll jede Zutat schmecken können", ist Danny Riewoldts Anspruch. Für seine Gerichte verwendet er gerne alte Gemüsesorten und kocht mit viel Experimentierfreude. Das Ergebnis ist so bodenständig wie exotisch, zum Beispiel Hirsch mit Spitzkohl, Datteln und Pistazien-Hafer-Crumble. Selbstgebackene Kuchen und Brote von Kerstin Schulzes Mutter Doris runden das kulinarische Erlebnis ab.

Sich ob des Erfolgs vergrößern? Für Riewoldt und Schulze keine Option. „Wir wissen genau, in welchem Rahmen wir 100 Prozent in Service und Geschmack geben können", sagen sie. Ihre Gäste werden es ihnen mit Treue danken – und eventuell erneutem Applaus.

TARTE VON ALTLÄNDER ÄPFELN MIT BACKENSHOLZER
BLAUSCHIMMELKÄSE UND ROTWEIN-BUTTER-EIS
Dieses Rezept finden Sie auf Seite 48

DIE MÜHLE JORK
Am Elbdeich 1, 21635 Jork / Borstel
Telefon 0 41 62 / 63 95
info@diemuehlejork.de
www.diemuehlejork.de

WO ÄPFEL WINTERSCHLAF HIELTEN …

… da können Gäste heute modernen Obstanbau erleben und schmecken

Früher war alles gut, was billig war – heute geht der Trend wieder hin zu Regionalität und Qualität", stellt Martina Matthies mit Freude fest. Denn was sie gemeinsam mit ihrem Mann Wilhelm in vierter Generation auf ihrem rund 20 Hektar großen Hof anbaut, bietet genau das: Ihr Obst wächst regional und ist qualitativ hochwertig. Bis zu 40 verschiedene Apfelsorten bringt der *Obsthof Matthies* hervor, darunter auch Besonderheiten wie den selbst für Allergiker verträglichen „Santana". In Form von Schnitzen stehen sie im Hofladen und auf dem Wochenmarkt in Kiel und Bremervörde zum Probieren bereit.

„Wir ernten frisch und veredeln unser Obst – direkt auf dem Hof", erzählt Martina Matthies. Neben den verschiedenen Obstsorten finden Kunden im Hofladen also auch Produkte wie die über 70 Konfitüren, Gelees und sortenrein gepressten Säfte. Eine Kostprobe der Veredelung bietet das angrenzende Café, wo frische und von den Mitarbeitern selbst gebackene Kuchen zeigen, „was man für tolle Sachen aus Obst machen kann", so Matthies. Weite Strecken nehmen Gäste bisweilen auf sich, um im sonnendurchfluteten Gewächshaus oder auf der Terrasse eine Erdbeertorte oder auch einen sonntäglichen Brunch mit Obstsalat zu genießen.

Oder um sich über Obstanbau zu informieren: Das Interesse an den Führungen, die der *Obsthof Matthies* anbietet, ist groß. Dabei geht es unter anderem um den integrierten Obstanbau, auf den sich die Matthies spezialisiert haben. „Danach sieht man die Zucht mit anderen Augen", ist das Ehepaar überzeugt. „Wir wollen auf diese Weise an heimisches Obst heranführen." Auch der jährliche Tag des offenen Hofs trägt dazu bei.

Wer möchte, kann im Anschluss über Nacht bleiben. Im ehemaligen Kühlraum, wo Äpfel einst ihren Winterschlaf hielten, finden sich heute acht exklusive Ferienwohnungen. Zwei weitere Apartments liegen unter dem Dach des Hofs. Die Nachfrage ist groß, sagt Martina Matthies: „Die Gäste wollen einfach mittendrin sein."

WILHELM & MARTINA MATTHIES KG
Am Elbdeich 31, 21635 Jork
Telefon 0 41 62 / 9 15 80
info@obsthof-matthies.de
www.obsthof.de

DIE BLÜHENDE MAGNOLIE VERLEIHT DEM RATHAUS VON JORK BESONDEREN CHARME.

CAFÉ MIT AUSSICHT

Der Blick zur Elbe und tolle Torten locken auf den Deich

Gäbe es eine Liste der Lieblingsorte an der Elbe, wäre das *Café MöwenNest* ganz sicher darauf vertreten. Wie die Kirsche auf dem Sahnehäubchen thront es oben auf dem grünen Deich am Borsteler Yachthafen. Seit seiner Eröffnung 2009 hat sich das Schmuckkästchen zu einem wahren Touristenmagneten entwickelt. Insbesondere Radwanderer, die auf dem Elberadweg unterwegs sind, machen hier gern Station und stärken sich etwa mit einem Flammkuchen. Ihren Zwischenstopp garnieren sie mit einem Blick von der Café-Terrasse hinüber zur Insel Hanskalbsand oder während der frühjährlichen Obstblüte aufs Meer der prachtvoll blühenden Kirschbäume.

Sonja Gräper aus Jork hat sich den Platz an der Sonne dank eines gut durchdachten Konzeptes gesichert. „Sowas hat hier immer gefehlt", sagt die erfahrene Café-Chefin rückblickend. Sowas – das ist eine klug abgestimmte Mischung aus Ausflugslokal auf der einen und Stammplatz für die heimischen Altländer auf der anderen Seite. Sie alle fühlen sich hier wohl, sie alle genießen das spezielle und maritim angehauchte Flair im *MöwenNest*.

Der Tag an der Elbe beginnt mit feinen Leckereien von der Frühstückskarte, die auf einer großen Holzplatte serviert werden. Zur Auswahl stehen die Fitness-Version mit Müsli und selbstgemachtem Obstsalat, der mittlere, eher klassische Start in den Morgen sowie das große Frühstück mit Extras wie Orangensaft, Rührei und Räucherlachs. Immer dabei sind ferner die in der eigenen Küche hergestellten Marmeladen aus Früchten der Region.

Europas größtes Obstanbaugebiet liefert zudem ausreichend Zutaten für ein abwechslungsreiches Angebot an Kuchen und Torten. „Die meisten bereiten wir nach traditionellen Rezepten zu", erläutert Sonja Gräper. Was genau auf den Teller kommt, hängt natürlich von der Saison ab. Apfelkuchen gibt's im Winter, Kirsche und Blaubeere im Sommer, Rhabarber-Baiser-Kuchen – spezieller Tipp der Inhaberin – im Frühling und Frühsommer. Jede Jahreszeit hat ihre Favoriten – auch ein Grund für den guten Platz des *Café MöwenNest* auf der Liste der Lieblingsorte.

CAFÉ MÖWENNEST
Sonja Gräper
*Yachthafenstraße 6, 21635 Jork
Telefon 0 41 62 / 25 46 46
info@cafe-jork.de
www.cafe-altesland.de*

NICHT OHNE ELISE UND ELBE

Noch heute ist Lothar Buckow täglich mit seinem Kutter auf Fischfang

ELB-STINT MIT BRATKARTOFFELN UND
HAUSGEMACHTER REMOULADE
Dieses Rezept finden Sie auf Seite 49

Dass Lothar und Rita Buckow ihr Fischfachgeschäft und Bistro unter dem Namen *Der Elbfischer* führen, hat seine Berechtigung. Schließlich gibt es im Alten Land niemand anderen mehr, der dieser Profession nachgeht. Täglich ist Lothar Buckow mit seinem Kutter „Elise" auf der Elbe unterwegs. Mit der ersten Flut setzt er aus und holt einige Stunden später die Netze wieder ein. Darin finden sich während der Stintsaison bis zu einer halben Tonne des Edelfischs, aber auch Lachsforellen, Zander, Elbbutt und Flussbarsche.

Von klein auf fischte Lothar Buckow auf der Elbe, seit den 1980er Jahren hauptberuflich. 2006 eröffneten die Buckows dann ihr Fischfachgeschäft mit Bistro in Jork-Wisch direkt an der Elbe. Hier können die Gäste aus einem vielfältigen Angebot wählen und bekommen saisonale Besonderheiten: Zwischen Oktober und März landet Stint zuerst im Netz und anschließend – in einem Mantel aus Weizenvollkornmehl gebraten – auf dem Teller, von April bis Oktober schwimmen Aale in die Reusen. Letztere räuchert Lothar Buckow in Räuchertonnen über Buchenholz, bis sie ihren einzigartigen Geschmack erhalten. Kross gebraten, in Aspik oder in der original Hamburger Aalsuppe sind sie echte Highlights und einzigartig im Alten Land.

„Wer an der Küste lebt oder hier Urlaub macht, will frischen Fisch essen", ist die Erfahrung von Rita Buckow. Sie ist für die gastronomischen Geschicke im Hause verantwortlich. Neben vielen Stammgästen begrüßt sie auch zahlreiche Tagesgäste aus Hamburg und Touristen aus ganz Deutschland im Fisch-Bistro. Und noch ein Aspekt ist in den Augen der Buckows wesentlich: „Unsere Kunden von heute wollen wieder einen Bezug zu dem Produkt, das sie konsumieren, und damit auch zum traditionellen Fischfang herstellen." Tradition bekommen sie beim *Elbfischer*. Bis 1648 lässt sich der Stammbaum der Familie Buckow zurückverfolgen, die ursprünglich aus Pommern stammt und sich von jeher dem Fischfang verschrieben hat. Auch für Lothar und Rita Buckow gilt heute noch: „Wir können nicht ohne Elise und die Elbe."

DER ELBFISCHER
Wisch 29b, 21635 Jork
Telefon 0 41 62 / 94 27 10
info@elbfischer-buckow.de
www.elbfischer-buckow.de

WO DER PULS LANGSAMER GEHT

Ein Hotel verschafft mit Elblage und Selbstgebrautem eine wohlige Auszeit

Bernd Eckhoff kennt die Umgebung seines Hotels wie seine Westentasche. Direkt am Elbdeich in Jork ist das *Elbblick* gelegen. Ein kurzes Aufschauen von der Zeitung und Eckhoff weiß: „Das vorüberfahrende Schiff ist 365 Meter lang und transportiert bis zu 19 000 Container. Als Orientierung nutzen die Kapitäne dabei das sogenannte Quermarkenfeuer." Und übrigens hätten die Kibitze im Baum gegenüber mit dem Nestbau begonnen.

Fest steht: Im *Hotel Elbblick* gibt es viel zu beobachten, der Name ist quasi Programm. Die Gäste können ihren Blick über den Deich und die Elbe schweifen lassen oder Jogger, Fahrradfahrer und Spaziergänger beobachten. Sogar beim Frühstück – wer im Elbblick nächtigt, nimmt Brötchen, Müsli und Kaffee im ersten Stock ein und kann durch eines der vielen Fenster das Deichgrün und den Leuchtturm sehen. Mittags und abends werden im Restaurant Schnitzel- und Steakgerichte serviert, aber selbstverständlich kredenzt Küchenchef Eckhoff auch Fisch. Dann kommen etwa Matjes, Krabben oder Pannfisch in die Pfanne. Inspirieren lässt er sich gerne durch die Saison, bietet im Winter zum Beispiel Grünkohl und knusprige Ente an. Immer sind die Zutaten frisch und hochwertig.

Frisch gestärkt bieten sich Fahrradtouren in die Umgebung und Ausflüge zu den nahegelegenen Obsthöfen oder auch zu einem kulturellen Highlight in Hamburg oder Bremen an. Direkt beim *Hotel Elbblick* legt darüber hinaus die Fähre nach Willkomm-Höft ab, einer gern besuchten Schiffsbegrüßungsanlage.

Im Anschluss schmeckt ein Bier aus der Hofbrauerei von Bernd Eckhoff. 2005 hat ihn die Leidenschaft für das Brauen in heimischen Gefilden gepackt. „Sein eigenes Bier mit einer selbstgewählten Geschmacksrichtung herzustellen ist etwas Besonderes, ein kreativer Schaffensprozess", findet der Gastronom. Helles und Dunkles, Maibock und Märzen entstehen in seinem Braukessel. Neben der beruhigenden Wirkung der emsig fließenden Elbe und der familiären Atmosphäre im *Elbblick* hilft auch dieser Genuss dabei, den hohen Alltagspuls zu verlangsamen.

HOTEL ELBBLICK
Lübe 40, 21635 Jork
Telefon 0 41 42 / 8 18 00
info@elbblick-luebe.de
www.elbblick-luebe.de

SAUERFLEISCH
Dieses Rezept finden Sie auf Seite 49

VERLIEBT IN BROT UND BUTTERKUCHEN

In Steinkirchen wird das Prinzip der offenen Backstube gepflegt

Man darf es ruhig so sagen: Karl-Heinz Pfeiffer ist ein Bäcker von altem Schrot und Korn. Einer, der bedingungslos auf Handwerk und Qualität setzt, auf Frische, Geduld und beste Zutaten aus der Region. Und einer, der morgens zwischen zwei und drei Uhr als erster in der Backstube steht; eine Selbstverständlichkeit für ihn. „Der frühe Vogel, Sie wissen schon …", sagt er mit einem verschmitzten Lächeln. Er sei quasi mit dem Duft frischer Brote groß geworden, habe schon als Knirps beim Vater zwischen den Mehlsäcken gespielt. Als der 1976, also 18 Jahre nachdem er die Bäckerei im Herzen Steinkirchens übernommen hatte, plötzlich verstarb, war Karl-Heinz Pfeiffer von einem Tag auf den anderen als Nachfolger gefordert. Und packte an.

Noch heute legen der Bäckermeister und seine Frau Ute großen Wert auf die Tradition ihres Betriebs. Viele Brote werden mit selbst gefertigtem Natursauerteig nach überlieferten Rezepten gebacken. Roggenvollkorn- und Dinkelbrote machen einen zentralen Teil des Sortiments aus. „Der Trend zur gesünderen Ernährung kommt uns sehr entgegen", sagen die Eheleute, die ihrer Profession mit großer Leidenschaft nachgehen. Vom Verkaufsraum der Bäckerei aus können sich die Kunden übrigens mit eigenen Augen davon überzeugen, dass in der benachbarten Backstube alles mit rechten Dingen zugeht – eine große Glasfront gestattet jeden Einblick.

Zum zweiten Standbein der *Bäckerei Pfeiffer* hat sich die Herstellung feiner Kuchen und Torten entwickelt. Die weit über die Grenzen der Region hinaus bekannte Spezialität des Hauses ist der Altländer Butterkuchen, eine besonders zarte und saftige Version des Klassikers. Sein genaues Rezept bleibt ein Geheimnis, nur so viel wird verraten: „Liebe zum Produkt ist unverzichtbar." Wer mag, kann das erste Stück gleich im angeschlossenen Café probieren – oder es sich blechweise nach Bestellung im Internet nach Hause schicken lassen. Beim Verkauf und Versand ihrer Leckereien setzen die Pfeiffers nämlich nicht nur auf traditionelle Wege, sondern zeigen sich auch modernen Methoden gegenüber offen.

BÄCKER PFEIFFER
Karl-Heinz und Ute Pfeiffer
Alter Marktplatz 13, 21720 Steinkirchen
Telefon 0 41 42 / 22 84
frisch@backpfeiffer.de
www.backpfeiffer.de
www.butterkuchen-spezialist.de

STINT UND KAISERSCHMARRN

In Hollern-Twielenfleth trifft die maritime auf die alpine Küche

Etwas Neues machen, Ideen verwirklichen, Verrücktes probieren – irgendwann kommt er durch, der Drang, auf eigenen Füßen zu stehen. Die Gelegenheit muss passen, der richtige Moment entscheidet über den Erfolg. Bei Robert Seir kam er im Sommer 2014. „Ich habe gemerkt, dass es an der Zeit ist", sagt der Österreicher, der bereits in jungen Jahren Gefallen an der Gastronomie gefunden hat. Über Stationen wie den „Österreichischen Hof" in Salzburg und Kreuzfahrtschiffe wie die „Queen Elizabeth II" und die „Sagafjord" landete er 1992 in Niedersachsen. Zuletzt war er als Restaurantleiter in Stade tätig. Inzwischen gelten seine ganze Aufmerksamkeit und Leidenschaft dem *Hollerner Hof*.

Die Wurzeln des Landgasthauses reichen zurück bis ins Jahr 1855. „Das ist schön", meint Seir, „reicht aber heute nicht mehr aus." Er weiß: Auch ein Traditionsbetrieb mit Saal, Kegelbahnen und einem guten Ruf als Platz für Feiern aller Art braucht gelegentlich neue Impulse. Die erste Amtshandlung als Hof-Chef bestand also darin, dem zuvor eher dunklen Lokal einen freundlichen, hellen Anstrich zu verpassen. Das kam schon mal an bei den Leuten im Ort. Und sie wussten es sehr zu schätzen, dass sich ihnen „der Neue" bei der ersten Gelegenheit persönlich vorstellte. „Da merkten sie schnell, dass der Robert ja ein ganz Netter ist", fügt er schmunzelnd an. Und einer, der mit seinem Team vor allem eines sein will: ein guter Gastgeber.

Kulinarisch geht es bodenständig zu. Aber die Küche führt norddeutsche und österreichische Gerichte geschickt zusammen. Auf der Karte finden sich sowohl Stint, Grünkohl und der Elbstromteller mit drei Fischfilets als auch Zwiebelrostbraten, Kaiserschmarrn und Wiener Schnitzel. Maritimes trifft auf Alpines. „Das macht uns einzigartig", bekundet Seir. Es gefällt ihm, ein wenig gegen den kulinarischen Mainstream im Alten Land zu schwimmen – also auf eine wirklich gute, gepflegte und nachhaltig wirkende Küche zu setzen. Der gebürtige Linzer lebt hier oben an der Elbe seinen Traum. Und er lässt seine Gäste daran teilhaben.

HOLLERNER HOF
Robert Seir
Hollernstraße 91, 21723 Hollern-Twielenfleth
Telefon 0 41 41 / 71 88
hollernerhof@yahoo.de
www.hollerner-hof.de

RICHTIG SCHÖN KNACKIG

Im Hofladen gibt es die leckersten Früchte des Alten Landes

Hauke Meyer zählt mal eben durch. Elstar und Honeycrisp, Boskoop und Braeburn, Gravensteiner und Delbarestival. Insgesamt 30 Apfelsorten halten der Obstbauer und seine Frau Carina in ihrer zum Hofladen umgebauten Scheune bereit – alle angebaut auf mehr als 25 Hektar in Hollern-Twielenfleth, einem Areal so groß wie 35 Fußballfelder. Was den guten Apfel auszeichnet, dazu haben beide klare Vorstellungen: „Richtig schön knackig muss er sein und natürlich aromatisch."

Damit ihre Kunden kraftvoll ins frische Obst beißen können, ist vor allem eines gefragt: harte Arbeit. Die Voraussetzungen für eine erfolgreiche Ernte sind im Alten Land gegeben. Der Marschboden ist fruchtbar, das Wetter meistens gut. Um aber tatsächlich hochwertige Qualität vom Baum pflücken zu können, müssen sich Carina und Hauke Meyer richtig ins Zeug legen. „Pausen gibt es keine für uns, wir arbeiten 365 Tage im Jahr", sagen sie. Pflanzenschutz ist ein großes Thema, schließlich will man sich die Ernte nicht von Pilzen oder Schädlingen zerstören lassen. Etliche Kirschplantagen des Hofes sind deshalb überdacht, zudem ist der Betrieb nach dem QS-Gap-Standard zertifiziert und wird dafür regelmäßig kontrolliert.

Wenn die Ernte eingefahren ist, geht es an die Vermarktung der Ware. Der Hofladen bildet ein stabiles Standbein, ein weiteres liegt im Weiterverkauf an die verschiedenen Handelsketten. Für die genügen allerdings in der Regel vier oder fünf Apfelsorten, nicht 30. Daneben landet auch eine Vielzahl weiterer Altländer Früchtchen im Handel. Zum Beispiel Kirschen und Erdbeeren, Pflaumen und Birnen – und das seit Jahrzehnten, wie Carina Meyer betont. Den *Obsthof* führen sie und ihr Mann in dritter Generation, selbst ihre Vorgänger Gisela und Jürgen Meyer helfen weiter mit. An der Niederelbe sind Obstanbau und -ernte eben Familiensache.

Allein beim Geschmack scheiden sich die Geister. Hauke Meyer ist kein Traditionalist, sondern favorisiert mit Honeycrisp eine eher neue und seltene Sorte. Wie sie schmeckt? „Süß, saftig und knackig."

OBSTHOF MEYER
Hauke und Carina Meyer
Speersort 201, 21723 Hollern-Twielenfleth
Telefon 0 41 41 / 77 93 33
info@obst-altesland.de
www.obst-altesland.de

REZEPTE

APFEL-SCHMAND-TORTE
Café Obsthof PuurtenQuast, Seite 24

ZUTATEN

375 g Butter, 175 g Zucker, 200 g Mehl, 1 TL Backpulver, 1 Ei, 4–5 Äpfel, 1 Zitrone, ½ l Apfelsaft, 75 g Pudding-pulver, ½ l Sahne, 250 g Schmand, etwas Zimt-Zucker

ZUBEREITUNG

Zunächst mit dem Mehl, der Butter, 175 Gramm Zucker, dem Backpulver und dem Ei einen Mürbeteig herstellen und in einer Form verteilen. Dabei den Rand etwas hochziehen. Dann die Äpfel klein schneiden und beträufeln. Einen Pudding kochen, die Äpfel unterheben. Alles abkühlen lassen und auf den Mürbeteig geben. Bei 180 bis 200 °C backen, dann auskühlen lassen. Für den Überzug die Sahne steif schlagen. Schmand und etwa zwei Teelöffel Zucker unterheben, auf den ausgekühlten Boden geben und mit etwas Zimt-Zucker bestreuen.

TARTE VON ALTLÄNDER ÄPFELN MIT BACKENSHOLZER BLAUSCHIMMELKÄSE UND ROTWEIN-BUTTER-EIS
Die Mühle Jork, Seite 30

ZUTATEN FÜR 4 PERSONEN
(4 KLEINE BACKFÖRMCHEN)

Tarte 4 Altländer Äpfel, Sorte Boskoop oder Braeburn, 250 g Zucker, 250 g Butter, Blätterteig (TK), 1 Zitrone, 4 Scheiben Backensholzer Blauschimmelkäse
Rotwein-Butter-Eis 375 g Rotwein, 125 g Portwein Rot, 20 g Cassis-Likör, 25 g Honig, 50 g Zucker, 3–4 Eigelb, 50 g Butter, Mark von 1 Vanilleschote, Abrieb von ¼ Orange

ZUBEREITUNG

Für das Rotwein-Butter-Eis den Rotwein, den Portwein sowie den Cassis-Likör mit dem Vanillemark und dem Orangenabrieb auf 250 Gramm Gesamtmenge einkochen. Honig, Zucker und Eigelb schaumig rühren.
Heiße Weinflüssigkeit zugeben und im Wasserbad bei 85 °C pasteurisieren. Masse durch ein Sieb geben und die Butter eingießen. Mit einem Mixstab stabil einarbeiten. Sofort auf 4 °C herunterkühlen. Mindestens 4 Stunden im Kühlschrank reifen lassen. Dann in der Eismaschine oder Gefrierfach abfrieren.
Für die Tarte die Äpfel schälen, entkernen und vierteln. Jedes Viertel noch einmal halbieren und in Zitronen-wasser einlegen. Zucker karamellisieren und die Butter dazu geben, dann einmal durchkochen. Die Äpfel in die Zuckermasse geben und leicht bissfest garen, bis die Äpfel die Flüssigkeit angenommen haben. Die Äpfel auf 5 kleine Backformen verteilen und den Blätterteig oben auflegen. Bei 200 °C backen, bis der Teig aufgegangen ist. Die Tarte stürzen und den Käse darauf verteilen. Dazu das Eis servieren.

ELB-STINT MIT BRATKARTOFFELN UND HAUSGEMACHTER REMOULADE
Der Elbfischer, Seite 38

ZUTATEN FÜR 4 PERSONEN

Für den Fisch *1,2 kg Stint, ausgenommen und ohne Kopf, 200 g Weizenmehl, 60 g Salz, ½ EL Pfeffer (gemahlen), 150 g Butterschmalz, 1 Zitrone*

Für die Bratkartoffeln *1,2 kg Kartoffeln (festkochend), 200 g Zwiebeln, 100 g Speck, 25 g Butterschmalz, Salz, Pfeffer*

Für die Remoulade *250 g Delikatess Mayonnaise, 1 kleine Zwiebel, 2 Gewürzgurken, 1 TL gemischte Kräuter (getrocknet), ½ TL Salz, ½ TL Pfeffer*

ZUBEREITUNG

Für die Bratkartoffeln die Kartoffeln mit Schale etwa 20 Minuten kochen, anschließend pellen und in Scheiben schneiden. Zwiebeln und Speck würfeln und in Butterschmalz anbraten. Herausnehmen und beiseite stellen. Nun die Kartoffelscheiben in der gleichen Pfanne knusprig braten. Mit Salz und Pfeffer abschmecken und anschließend mit der Speck-Zwiebel-Mischung vermengen und noch kurz weiterbraten.

Für die Stinte das Mehl mit Salz und Pfeffer in einer Schüssel vermischen. Dann die Stinte darin wenden, sodass sie von allen Seiten mit Mehl bedeckt sind. Anschließend in Butterschmalz etwa 10 Minuten knusprig braten, dabei einmal wenden.

Für die Remoulade die Zwiebel und Gewürzgurken fein würfeln und mit der Mayonnaise und den Gewürzen vermischen. Stint mit Bratkartoffeln und Remoulade auf dem Teller anrichten, jeweils ein Zitronenviertel dazu legen.

SAUERFLEISCH
Hotel Elbblick, Seite 40

ZUTATEN FÜR 6 PERSONEN

1,5 kg Schweinenacken, 4 Zwiebeln, 1 EL Salz, 2 EL Zucker, ¼ l Kräuteressig, 4 Lorbeerblätter, 1 EL Senfkörner, 1 EL Pfefferkörner, 1 EL Wacholderbeeren, 6 Blätter Gelatine

ZUBEREITUNG

Den Schweinenacken kurz unter kaltem Wasser abspülen und mit den geschälten Zwiebeln in einen Topf legen. Das Salz, den Zucker und den Kräuteressig dazu geben, mit circa 750 Millilitern Wasser auffüllen. Den Topf an einem kühlen Ort oder Kühlschrank über Nacht mit dem Inhalt ziehen lassen. Am nächsten Tag das Fleisch mit der Flüssigkeit aufkochen lassen und abschäumen. Die Gewürze zufügen und bei kleiner Hitze zweieinhalb Stunden ziehen lassen. Das Fleisch aus dem Sud nehmen und abkühlen lassen, den Süd durch ein Sieb gießen. Das Fleisch in Stücke schneiden und in Weckgläser verteilen und den wieder erhitzten Sud mit der Gelatine begießen und abkühlen lassen, bis der Sud fest ist. Dazu schmecken leckere Bratkartoffeln und ein geflecktes Bier.

IM CONTAINERHAFEN VON WALTERSHOF WIRD LADUNG AUS ALLER WELT GELÖSCHT.

HAMBURG, DU PERLE!

In der Elbmetropole gibt sich Deutschland so weltstädtisch wie sonst nirgendwo –
und bleibt doch wunderbar charmant

Grüne Kupferdächer, imposante schneeweiße Bauten, blauer Himmel und die meter-hohe Alsterfontäne – das Panorama, das sich bei schönstem Kaiserwetter von der Lombardsbrücke aus auf Hamburgs Herz rund um die Binnenalster und den Jung-fernstieg bietet, verzückt nicht nur die Touristen. Die mächtigen Türme von Rathaus und Nicolaikirche streben in die Höhe, Alsterschiffe kreuzen unter der stattlichen Brücke. Ein Anblick zum Einatmen. Boote, Autos, Radfahrer, Fußgänger: Hier pulsiert das Großstadtleben und zugleich liegt erstaunliche Ruhe in der Luft.

Knapp 1,8 Millionen Einwohner zählt die Stadt an der Elbe. Die Metropole gilt als Tor zur Welt. Seefahrer, Handelsreisende, Kaufleute – letztere nach wie vor gern als „alte Pfeffer-säcke" tituliert – präg(t)en Entwicklung und Wohlstand Hamburgs seit Jahrhunderten. Ein maßgeblicher Faktor damals wie heute war der Hafen. Er ist Deutschlands größter Seehafen mit gut 7 400 Hektar; der zweitgrößte in Europa nach Rotterdam. Fährt man von Süden über die Autobahn A7 auf die Stadt zu, dann ist nicht nur die markante Köhlbrandbrücke weithin sichtbar. Die Containerbrücken im Hamburger Hafen rücken unmittelbar ins Blickfeld. Schiffe aus aller Herren Länder werden emsig be- und entladen, Container mit Waren aller Art stapeln sich bis an die Einfahrt zum Elbtunnel in erstaunlicher Vielzahl und Selbstverständlichkeit.

Ohne die Werften, Docks, Terminals und Schiffe wäre Hamburg nicht denkbar. Der Hafen gehört mitten in die Stadt und der maritime Motor ist gut geölt. Die Geschäfte der Hamburger Hafen und Logistik AG (HHLA), einem der Hauptcontainer-Terminal-Betreiber, laufen bestens.

Nicht nur wirtschaftlich ist der Hafen ein Aushängeschild. Auch die Touristen zieht es dort hin – eine Brise große Freiheit und etwas Fernweh wollen rund acht Millionen Besucher jährlich spüren. Hafenrundfahrten auf einer Barkasse oder einem der Schaufelraddampfer sind fast ein unausweichliches Muss für den ersten Besuch dieser Stadt. Nirgendwo kann man den Geist der Elbmetropole besser erspüren als auf und am Wasser. In Hamburg scheint gefühlt jeder ein Kanu, ein Schlauchboot, eine Jolle oder ein Segelboot zu besitzen. Auf der Außenalster und der Elbe herrscht bei gutem Wetter reges Treiben – das sich manch findiger Gastronom zu Eigen gemacht hat. Beispielsweise die Betreiber des „Café Canale" in Winterhude mit einem „coffee to row", einem Kaffee für unterwegs auf der Rudertour. Und das Tretbootfahren auf den zahlreichen Seiten-Kanälen des Flusses ist sicherlich eine der schönsten Arten der Stadterkundung.

Große Anziehungskraft auf Einheimische wie Besucher haben nicht nur die Binnen- und Außenalster. Beliebte Ausflugsziele sind auch der nahegelegene Elbstrand oder Aussichtspunkte rund um den Strom wie der Altonaer Balkon und der Alte Elbtunnel. Oder aber die 500 Quadratmeter große Dachterrasse des Dockland – ein an ein Parallelogramm erinnernder Bürobau, der auf einem aufgeschütteten Grundstück inmitten der Elbe liegt. Einen ganz neuen Blick auf Hamburg, den Hafen und das Wasser bietet seit 2003 die HafenCity. Am Sandtorkai, wo einst 1866 der modernste Hafen seiner Zeit in Betrieb genommen wurde, befindet sich nach wie vor die „größte Baustelle Europas" und fördert ein neues, lebendiges Quartier zutage. Moderne, teils hochgelobte Architektur, maritimes Ambiente und ein hoher Grad an Erlebniskultur machen das Gebiet zu einem der Hotspots der Stadt – inklusive internationaler Aufmerksamkeit. Wohnen, Arbeiten und Leben am Hafen, dieses städtebauliche Konzept wird aktuell rund um den Globus umgesetzt. Vom knallgelben „ViewPoint" aus hat man den besten Ausblick auf den entstehenden Stadtteil auch auf die neue Elbphilharmonie, die lange vor ihrer Fertigstellung bereits zu einem der Hingucker der HafenCity geworden ist.

„Oh Hamburg meine Perle, du wunderschöne Stadt. Du bist mein Zuhaus', du bist mein Leben, du bist die Stadt, auf die ich kann." Eigentlich hat Sänger Lotto King Karl mit diesen Zeilen eine Fußballhymne geschrieben – die Herzen des Hamburgers schlagen gemeinhin für den HSV oder den FC St. Pauli – doch längst ist es zur Liebesode an die Stadt erwachsen; bis hin zum Klingelton auf dem Mobiltelefon. Speicherstadt samt gigantischem „Miniatur Wunderland" (mehr als zwölf Millionen Besucher seit 2001), Gängeviertel, Kaufmannshäuser, Stadtpark, Planten en Blomen, Fleete und Kanäle: Historische Bauten und moderne Architektur, dazu viel Grün, noch mehr Wasser und ein imposantes Freizeitangebot in einer lebendigen Großstadt – die Liebe der Hamburger zu ihrer Freien und Hansestadt ist nachvollziehbar. Wunderschöne Bauten gibt es reichlich, trotz großer Schäden aus den Kriegsjahren. Historisches Wahrzeichen der Stadt ist der „Michel", die Hauptkirche St. Michaelis. Der Turm ist für einfahrende Schiffe gut sichtbar; 452 Stufen führen auf die Aussichtsplattform des 106 Meter über der Elbe gelegenen Turms. Seine Uhr ist mit einem Durchmesser von acht Metern die größte in Deutschland.

Hamburg und gutes Schuhwerk, das ist durchaus eine Empfehlung, wenn man sich auf die zahlreichen Spuren von Tradition und Moderne in der zweitgrößten Stadt Deutschlands machen will. Tatsächlich erschließen sich Straßenzüge, historische Backsteinarchitektur wie das berühmte Chilehaus mit seiner Reminiszenz an einen Schiffsbug im Kontorviertel (1924 eines der ersten Hochhäuser der Stadt), der Hamburger Fischmarkt, das lebhafte und kulturell bunt gemischte Portugiesenviertel zwischen Landungsbrücken und Michel mit seiner Vielzahl an Restaurants, Bars und Cafés sowie Alsterarkaden oder auch die Einkaufsstraßen der Innenstadt am besten zu Fuß. Die Mönckebergstraße ist Hamburgs wichtigste und bekannteste Shoppingadresse im Herzen der Stadt. Seit mehr als 100 Jahren flanieren die Menschen die gepflasterte Meile zwischen Hauptbahnhof und Rathausmarkt entlang. Der Blick lohnt sich auch über die Schaufensterauslagen hinaus. So manch architektonisches Kleinod ist zu entdecken – das Klöpperhaus aus dem Jahr 1913 ist beispielsweise eines der ältesten Kontorhäuser der Stadt, und auch der Blick ins Levantehaus mit seinen formschön geschwungenen Geländern und den kleinen Läden wie Cafés lohnt. Einen modernen Gegensatz bildet dazu die Europa-Passage mit 120 Geschäften auf fünf Etagen. Exklusiver wird es rund um den Jungfernstieg, wo auch das alteingesessene Alsterhaus zu finden ist. Übrigens, die Buslinie 111 fährt gleich 16 Sehenswürdigkeiten auf einen Streich ab, falls die Füße nicht mehr wollen.

Genuss, Kultur und Freizeitangebote bis hin zum berühmten Tierpark Hagenbeck: Hamburg bietet alles und das reichhaltig. Allein über 60 Theater gibt es in der Elbstadt, darunter das bekannte Thalia Theater oder das renommierte Schauspielhaus. Hinzu kommen über 100 Musikclubs, das Panoptikum, Deutschlands ältestes Wachsfigurenkabinett, rund 60 Museen. Die Kunsthalle sowie das Museum für Kunst und Gewerbe zählen zu den führenden deutschen Ausstellungshäusern. Das Ballett von John Neumeier hat internationalen Rang und auch im seichteren Genre macht Hamburg als Musicalstadt von sich Reden. Nach New York und London ist Hamburg weltweit der drittgrößte Musicalstandort. Produktionen wie „König der Löwen", „Tarzan" und „Rocky" ziehen aktuell die Massen an.

Doch an wohl kaum einem anderen Ort der Stadt schöpft man so aus dem Vollen wie auf der Reeperbahn. Hier rund um Hamburgs Rotlichtviertel gibt es alles, was mit Großstadt assoziiert wird: schräge Typen, dunkle Bars und coole Clubs. Das Schmidts Tivoli mit seinen Shows hat Kultcharakter. Das anrüchige Ambiente St. Paulis hat die Stadt längst zu ihrem Vorteil genutzt: Die „Historische Hurentour" gilt als erfolgreichste Städteführung Deutschlands und bietet eine ganz andere Sicht auf das Vergnügungsviertel.

Hamburg lebt von Gegensätzen. Hanseatisch gediegen im feinen Pöseldorf, hip im boomenden Schanzenviertel, alles ist möglich. Allein 42 000 Millionäre leben in der Hansestadt. Nirgendwo in Deutschland gibt es mehr. Das Gefälle zwischen Arm und Reich ist ebenso groß wie die Promidichte in der Medienstadt. Wohl einer der bekanntesten mit der skurrilsten Geschichte ist Rocker Udo Lindenberg, der sich seit nunmehr 20 Jahren im Hotel Atlantic Kempinski an der Außenalster eingenistet hat. Suite statt Wohnung. Er fühle sich fast wie in einer WG, sagt er über seinen ungewöhnlichen Wohnsitz. Verschiedene Lebensstile liegen in Hamburg oft nur wenige Straßenzüge voneinander entfernt. Einen Hauch von Exklusivität verströmt das Treppenviertel in Blankenese. Rund 5 000 Stufen führen durch verwinkelte Gassen in diesem Postkartenidyll mit seinen kleinen, am Elbhang liegenden Villen und Häusern. Der Süllberg mit seinen 72 Metern zählt zum hügeligsten Terrain weit und breit im einstigen Fischerdorf – Panoramablick auf die Elbe natürlich inklusive.

VON BORD SCHWEIFT DER BLICK HINÜBER NACH BLANKENESE.

ZAUBER AN DER ELBE

In Finkenwerder trifft regionaltypische auf weltstädtische Küche

Direkt an der Elbe gelegen, hanseatisch elegant und mit sicherem Gespür für den besonderen Moment – so präsentiert sich das *The Rilano Hotel Hamburg* im Stadtteil Finkenwerder. Das Vier-Sterne-Superior Hotel verfügt über 170 Zimmer und Suiten. Sechs klimatisierte, von Tageslicht durchflutete Veranstaltungsräume bieten ideale Voraussetzungen für Tagungen und Events für bis zu 220 Personen. Die großen Panoramafenster ermöglichen einzigartige Ausblicke. Die Elbe ist nur wenige Meter entfernt. Am gegenüberliegenden Ufer strahlen die weißen Villen von Blankenese. Für die Fähre vom und zum Hamburger Zentrum steht ein Anleger direkt am Haus zur Verfügung.

Während der warmen Monate sind die Sonnenterrasse und die Strandbar die „places to be". Im Strandkorb lauschen Gäste hier mit großem Vergnügen dem Rauschen der Elbe – den Cocktail in der Hand, die vorbei ziehenden Kreuzfahrtschiffe im Blick. Für kulinarische Höhepunkte sorgt hier wie auch im Restaurant „River View" eine zeitgemäß ganzheitliche und kreative Küche. Chefkoch Marcel Höppner verwöhnt seine Gäste mit internationalen Crossover-Kompositionen ebenso wie mit modernen Interpretationen durchaus bekannter norddeutscher Spezialitäten. So kommen unter anderem Hamburger Pannfisch, die Scholle Finkenwerder Art und die Bauernpfanne „Altes Land" aus der Küche. Auch die „Norddeutschen Tapas" erfreuen sich großer Beliebtheit. „Wir zeigen, wo wir sind", sagt Dennis Maier, der verantwortliche Manager für Food and Beverage.

Darüber hinaus setzt die *Rilano*-Crew mit Vorliebe jahreszeitlich orientierte Akzente. Während des Sommers lädt sie zwei Mal im Monat zum Carribean Barbecue mit exotischen Klängen und Speisen in die Beachbar. Maritime Events wie den Hafengeburtstag oder die Hamburg Cruise Days können Besucher mit Wein und Picknickkorb ausgestattet direkt vom Strandkorb aus erleben. Der lässt sich im Übrigen auch an jedem anderen Tag der Sommersaison für romantische Stunden zu zweit buchen. Dieser ganz besondere Ort hält einfach immer ein Quantum Magie bereit.

THE RILANO HOTEL HAMBURG
*Hein-Saß-Weg 40, 21129 Hamburg
Telefon 0 40 / 3 00 84 9-0
info-hamburg@rilano.com
www.rilano-hotel-hamburg.de*

GESCHMORTES KALBSBÄCKCHEN MIT SELLERIE, KARTOFFEL-BÄRLAUCH-PÜREE UND FAVE-TONKA-BOHNENJUS
Dieses Rezept finden Sie auf Seite 132

HAMBURGS PERLE IM GRÜNEN

Ein ehemaliges Kavaliershaus besticht mit Lage, Küche und Eleganz

Mit einem Meer von Kerzen und dezenter klassischer Musik präsentiert sich das *Witthüs* abends in romantischer Candle-Light-Atmosphäre. Auf einigen Tischen liegen liebevoll dekoriert Efeuranken und Rosenblätter. Sie erwarten das Geburtstagskind, grüßen zum Hochzeitstag, stimmen auf einen besonderen Abend ein oder heben das lang ersehnte Wiedersehen hervor.

Ganz gleich welcher Anlass: Seit den 1970er Jahren ist es dem *Witthüs* eine Herzensangelegenheit, jedem Gast mit Liebe und Wertschätzung einen unvergesslichen Abend zu bereiten. Neben der einmaligen Stimmung trägt auch die mehrfach ausgezeichnete Küche ihren Teil dazu bei. Auf hohem Niveau kocht Suresh Sivalingam regionale und internationale Kreationen, die mit frischen Kräutern und Gewürzen verfeinert und ansprechend dekoriert werden.

Nachmittags präsentiert sich das *Witthüs* als gemütliches Café und Teehaus mit hausgebackenem Kuchen. Vor allem die legendäre „Qualle auf Sand" – ein Potpourri aus Nuss- und Napfkuchen mit frischem Obst, Rumkirschen und Schlagsahne – zieht Spaziergänger, Ausflügler und natürlich Stammgäste an. Am Sonntag findet regelmäßig ein Brunch statt. Die dazu gereichten hausgemachten Marmeladen, das feine Gebäck und die Tees stehen auch zum Verkauf bereit.

All die kulinarischen Spezialitäten genießen die Gäste im reetgedeckten Haus oder idyllisch im Garten unter uralten Bäumen. Hier, in einem der größten Englischen Gärten Hamburgs, dem Hirschpark, blickt man auf die klassizistische Säulenvilla des Kaufmanns und Reeders Johann Cesar Godeffroy, der das *Witthüs* (plattdeutsch für: weißes Haus) als Kavaliershaus für seine Gäste nutzte.

Die Mischung aus traumhafter Lage, exquisiter Küche, stimmungsvoller Atmosphäre und hanseatischer Eleganz macht das Haus auch für Familienfeiern attraktiv. Regelmäßig finden Hochzeiten und sogar Trauungen statt. Gut möglich, dass schon der Antrag bei einem Candle-Light-Dinner im *Witthüs* gemacht wurde.

HAUSGEMACHTE TAFELSPITZRAVIOLI MIT MEERRETTICH-SCHAUM, CHUTNEY UND CHIPS VON DER ROTEN BEETE
Dieses Rezept finden Sie auf Seite 133

WITTHÜS – RESTAURANT. CAFÉ. TEEHAUS
Elbchaussee 499 a, 22587 Hamburg
Telefon 0 40 / 86 01 73
info@witthues.de
www.witthues.de

KURZURLAUB AN DER ELBE

Ein Restaurant am Fluss bietet die wohl schönste Terrasse Hamburgs

Ein gutes Essen zu sich nehmen und dabei unter freiem Himmel direkt an der Elbe sitzen – wahrscheinlich lässt sich beides nirgends so gut miteinander vereinbaren wie im *Restaurant Elv* von Vullnet Rusani. Seine Terrasse ist so dicht an der Wasserkante gelegen, dass sie fließend in Wasser überzugehen scheint. Nicht umsonst ist der Name seines Lokals dem plattdeutschen Wort „Elv" für Elbe entlehnt. Wer hier speist, hört währenddessen den Fluss in sanften Wellen ans Ufer schwappen, wenn eines der gigantischen Frachtschiffe – von den Hamburgern liebevoll „Pötte" genannt – vorüberfährt oder ein Airbus am gegenüberliegenden Ufer startet oder landet.

„Unsere Gäste sitzen auf der wohl schönsten Terrasse Hamburgs", stellt Kai Lüth nicht ohne Stolz fest. Der Küchenchef weiß um die traumhafte Lage des Restaurants. „Es kommt durchaus vor, dass sie ihre Vorspeise bei Ebbe einnehmen und beim Dessert die Elbe fast bis zu den Füßen reicht." Das Element Wasser sollen Gäste hier sehen, riechen und hören. Und es ist auch für die Speisen nicht ganz unwichtig, schließlich kommt im *Restaurant Elv* besonders gern Fisch auf den Tisch – etwa Hamburger Pannfisch mit Bratkartoffeln oder Steinbeißerfilet auf Estragonrahmkraut und Basilikumschaum. Dazu wird ein Glas ausgesuchter Wein aus Deutschland, Österreich oder Italien gereicht.

Die Karte wechselt regelmäßig und passt sich an den Appetit in der jeweiligen Jahreszeit an. „Im Sommer kochen wir zum Beispiel leichte Pasta, im Winter dagegen auch einmal deftige Gerichte wie gebratene Ente mit Rotkohl", erklärt Kai Lüth. Dabei pflegt er die Gratwanderung zwischen Traditionellem und sanfter Moderne. Den Gästen schmeckt es; sie kommen gern wieder, manche zusammen mit einer ganzen Festgemeinde – das *Restaurant Elv* richtet auch größere Feierlichkeiten aus. Danach ist der Dank an die Küchencrew dann groß – weil die Qualität des Essens das durch die besondere Lage des Hauses hervorgerufene wohlige Gefühl eines Kurzurlaubs an der Elbe noch verstärkt hat

RESTAURANT ELV
Vullnet Rusani
Elbuferweg 80, 22609 Hamburg
Telefon 040 / 82 00 42
info@elv-restaurant.de
www.elv-restaurant.de

EIN ECHTES KIEZ-ORIGINAL

Dominik Großefeld erhält mit seiner Kneipe ein Stück Authentizität auf St. Pauli

Kultkneipe? Von diesem Begriff will Dominik Großefeld nichts wissen. Eine Sache mit einem Label zu versehen und sie damit in eine Schublade zu stecken – das ist nicht so sein Ding. Die Bezeichnung für seine Kneipe *Zum Silbersack* mag zwar nahe liegen. Immerhin hat sich das Etablissement im Herzen St. Paulis seit seiner Eröffnung im Jahr 1949 kaum verändert. Jedoch sei der *Silbersack* – wenn überhaupt – keine Kult-, sondern eine Kulturkneipe. „Er ist mehr als nur eine Schänke – was hier stattfindet, ist weitaus größer", betont Großefeld.

Ihm ginge es als Pächter nicht darum, ausschließlich hippe, an ihrem Longdrink nippende Großstädter mit dem Wort „Kult" anzulocken. Vielmehr sei die Kneipe für die Anwohner da. „Ich möchte, dass hier Menschen aller Couleur zusammenkommen und sich austauschen; dass hier eine facettenreiche Gesprächskultur gepflegt wird", betont der Endzwanziger. „Um diese Atmosphäre glaubhaft erhalten zu können, muss man stehen bleiben." Das „Stehenbleiben" erkennt man im *Silbersack* an Mensch und Mobiliar gleichermaßen. Viele Gäste kommen seit Jahrzehnten in die Kiez-Kneipe. „Ihre Authentizität erdet", wie Großefeld sagt. „Was ich als Wirt durch die Begegnungen an Erkenntnisgewinn und Bereicherung erfahre, geht über die Eingangstür hinaus."

Das Erscheinungsbild des Silbersack beschreibt er als „rustikal mit leichter Patina". Von Tür und Tresen über Tische und Stühle bis hin zu den Bänken und Vorhängen entsprechen so gut wie alle Details noch dem Urzustand, nur gezeichnet von den Spuren des Kneipenlebens. Wandtapeten zeugen vom Hamburg des 19. Jahrhunderts, ein Sammelsurium an bunten Aufklebern – mal mit politisch linken, mal mit Nonsens-Sprüchen – zieren Holzverkleidung und -balken, Fanschals baumeln hinter der Bar von der Decke herab. Beim Eingang steht die Jukebox, die konsequenterweise Schlager statt Chart-Hits im Sortiment hat, darunter natürlich „Auf der Reeperbahn nachts um halb eins". Ein Plakat von Hans Albers, dem Schreiber und Sänger des Liedes, hängt daneben. Wer in den *Silbersack* geht, der bekommt

Bier und dazu einen Klaren, keine Cocktails. Und dem wird Filterkaffee ohne Schnickschnack ausgeschenkt, nicht Latte Macchiato.

Ganz ohne ist das Führen des *Silbersack* nicht gerade. Denn er bleibt die ganze Woche über geöffnet. Eine Ausnahme wird selten gemacht, etwa wenn ein Stammgast mit einem Frühschoppen seinen Geburtstag feiern will. Und auch dann steht Dominik Großefeld hinter dem Tresen, wie fast jeden Tag. „Ich finde es wichtig, die meiste Zeit im Laden zu sein", sagt er, stellt jedoch klar: „Das macht man nicht, wenn man's nicht liebt."

Im *Silbersack* hat eben immer schon Herzblut gesteckt. Die Gründer hatten in den Nachkriegswirren Ende der 1940er Jahre einiges auf sich genommen, um ihre Idee zu verwirklichen. Friedrich Thomsen hatte durch seine Gaststätte in Eimsbüttel, die im Krieg zerstört worden war, bereits Erfahrung in der Gastronomie gesammelt und war mit seiner Frau Erna fest entschlossen, sein Vorhaben eines neuen Lokals umzusetzen. Da Hamburg noch in Schutt und Asche lag, ließen die Thomsens ein zerlegbares Holzhaus zimmern und transportierten es – damals noch wohnhaft in der Nähe von Braunschweig – per Lastwagen nach Hamburg. In der Silbersackstraße bauten sie die Einzelteile zusammen, besorgten eine Schanklizenz und eröffneten schließlich ihre Eckkneipe. Seitdem kümmerte sich das Ehepaar ohne Unterbrechung um den *Silbersack*. Nach dem Tod ihres Mannes führte Erna Thomsen ihn nahtlos weiter. Als auch sie aber 2012 starb, blieb die Kneipe zum ersten Mal geschlossen.

Zu diesem Zeitpunkt arbeitete Dominik Großefeld dort bereits seit drei Jahren. Längst hatte er Gefallen an ihm gefunden – so sehr, dass er für seinen Erhalt kämpfte. Es fand sich ein Team aus 20 Investoren, den „Freunden des *Silbersack*", die das Lokal kauften und an den heutigen Wirt verpachteten. Eine gute Entscheidung, denn dieser hält die alten Werte hoch: „Die Kiez-Kneipe ist ein echtes Original und bleibt auch so erhalten. Anders wird sie nur durch die Menschen, die sich verändern."

ZUM SILBERSACK
Silbersackstraße 9, 20359 Hamburg
dominik.hamburg@gmx.de

EIN BESUCH BEI PLANTEN UN BLOMEN IST EIN ERLEBNIS FÜR ALLE SINNE.

DIE WELT IN HAMBURG

Ein Hotel schickt seine Gäste mit allen Sinnen auf die Reise

Eine Oase, mitten in Hamburg. Mit kontinentaler Naturvielfalt, in der Elefanten ihren Rüssel in die Luft strecken, sibirische Tiger brüllen und Pampashasen über saftiges Grün hüpfen. Nein, diese Szenerie entspringt nicht der blühenden Fantasie eines Kindes, sondern ist Wirklichkeit und nennt sich Tierpark Hagenbeck. „Hier werden die Abenteuer von Namensgeber Carl Hagenbeck erlebbar, der 1907 den ersten barrierefreien Zoo gegründet hat", weiß Fabian Engels. Er ist Direktor des angrenzenden *Lindner Park-Hotel Hagenbeck* und hat das Konzept für das weltweit erste Tierpark-Themenhotel mit gestaltet. Naturnah, abwechslungsreich und dabei mit allen Annehmlichkeiten eines Vier-Sterne-Hauses ausgestattet – nach dieser Mischung dürfte man andernorts vergeblich suchen.

Gedanklich die Welt bereisen können die Gäste nicht nur im Tierpark. Ob beim Essen, Entspannen oder Tagen – zu jeder Zeit umgeben sie die Zeugen fremder Länder und Kulturen, etwa bei einem Kaffee auf einer kunstvoll verzierten Holzbank aus Java. Die Exponate wurden vor Ort erworben oder stammen aus dem Besitz von Carl Hagenbeck. Auch kulinarisch tauchen die Sinne in Erdteile ein. Die vierteljährlich wechselnde Karte präsentiert klassische Gerichte mit modernen Einflüssen. Küchenchef Jens Wagner experimentiert dabei gerne mit Gewürzen und Kräutern aus Afrika und Asien. So überrascht das Hirschsteak mit einer Pistazienkruste, das selbstgemachte Eis mit einer Geschmacksnote aus Ananas, Safran und gerösteter Kokosnuss.

Die kolonial-exotischen Elemente fügen sich stets perfekt in das mondäne Flair eines gehobenen Businesshotels ein. „Unser Haus schafft dadurch etwas, das vielen nicht gelingt: familienfreundlich, aber gleichzeitig attraktiv für Geschäftsleute zu sein", erklärt Fabian Engels. Den Urlaubs- oder Businessaufenthalt mit erstklassigem Service kann nur noch eines der Hotel-Highlights krönen, zum Beispiel das „Dinner unter Haien" im Aquarium des Tierparks. „Die Kunst liegt darin, Geschichten zu finden", stellt Fabian Engels fest. Das Lindner Park-Hotel Hagenbeck bietet dafür die beste Vorlage.

LINDNER PARK-HOTEL HAGENBECK
Hoteldirektor Fabian Engels
*Hagenbeckstraße 150, 22527 Hamburg
Telefon 040 / 8 00 80 81 00
info.hagenbeck@lindner.de
www.lindner.de*

STÖRFILET AUF FENCHELSALAT
Dieses Rezept finden Sie auf Seite 134

WENN ESSEN ZUM ERLEBNIS WIRD

Kulinarisch und optisch höchstes Niveau bietet ein Restaurant in der Hafencity

Das *Restaurant & Bar Wandrahm* in der Hafencity ist etwas ganz Besonderes. Nicht nur, weil es mit seinem Namen an die Vergangenheit des Viertels erinnert: Hier trockneten Tuchhersteller bis zum 17. Jahrhundert ihre Stoffe nach dem Walken und Einseifen an Holzgestellen, sogenannten „Wandrahmen". Das Lokal sticht auch gastronomisch hervor. „Wer einmal im Wandrahm war, der kommt ziemlich sicher wieder", kann Ulrike Hühnerbein mit Überzeugung sagen. Auf jedes Detail gibt die Restaurantleiterin acht, etwa wenn sie die Tische des eleganten Lokals stilvoll eindeckt und erklärt: „Ich sehe mich als Gastgeberin mit sehr hohen Ansprüchen an das Ambiente – und an die Küche."

Letztere erfüllt Küchenchef Pascal Grube. Der ausgebildete Koch hat seine Erfahrungen in hochrangigen Hotels gesammelt, unter anderem in den Grandhotels Atlantic Kempinski Hamburg, Vier Jahreszeiten München und Louis C. Jacob Hamburg. Seine Küche beschreibt er als „deutsch-modern" mit mediterranen Einflüssen. Zum Beispiel wird Hamburger Pannfisch von Forellenkaviar und Blattspinat begleitet oder gebratener Wolfsbarsch von Orangen-Fenchel und gratinierten Parmesan-Nocken. Wichtig ist Pascal Grube aber vor allem eines: „Ich möchte dem Gast ein kulinarisches und optisches Erlebnis bieten, ob beim Mittagessen oder abendlichen À-la-carte-Menü." Das gelingt unter anderem dadurch, dass alle Speisen selbstgemacht sind – von der Pasta bis zum Eis – und nahezu künstlerisch angerichtet werden.

Ein optisches Highlight bereitet neben dem Essen und den architektonischen Besonderheiten auch die Lage des Wandrahm in der Hafencity. In der Kai-Bar und auf der Terrasse kann man den Blick über das Wasser schweifen lassen, durch die Floor to Ceiling-Fenster des Restaurants Elbphilharmonie und Speicherstadt sehen. Nicht verwunderlich also, dass das Wandrahm auch gerne für Festivitäten aufgesucht wird. Bis zu 140 Personen können beispielsweise eine Firmenfeier begehen. Und genauso viele werden höchstwahrscheinlich wiederkommen.

CHEESECAKE MIT JOGHURTEIS UND BLAUBEER-TOPPING
Dieses Rezept finden Sie auf Seite 134

RESTAURANT & BAR WANDRAHM
Am Kaiserkai 13, 20457 Hamburg
Telefon 040 / 31 81 22 00
mail@wandrahm.de
www.wandrahm.de

BESTE BOHNEN

Biologisch angebaut und fair gehandelt – so trinkt man in Niendorf Kaffee

Es ist ein langer Weg nach Elk Hill. Aber er lohnt sich. Tief im Südwesten Indiens, in der Provinz Mysore, liegt auf mehr als tausend Metern Höhe die kleine Kaffeeplantage. Seit 1986 wird hier ökologischer Anbau betrieben. Zwischen den großen Blättern der Bananenbäume vor direkter Sonneneinstrahlung geschützt gedeiht der Kaffee in diesem feuchtwarmen, tropischen Gebiet. „Das ist die Heimat unserer Bohnen", erklärt Carsten Markmann. Im Jahr 2003 hat er am Niendorfer Marktplatz seinen *Black Bean* Coffeeshop eröffnet. Dass er schon früh auf Bio und fairen Handel gesetzt hat, macht ihn heute stolz. „Kaffee wächst als natürliches Produkt und ist am besten, wenn man ihn auch so natürlich erhält", sagt er.

Richtig guten Kaffee – den erkennt man am Geschmack. Beim ersten Nippen an der Tasse am besten mal kurz die Augen schließen und den Duft wirken lassen. Dann entscheidet es sich: Mild? Fein? Stark? Grundlage sind immer die Güte der Bohnen und das Rösten. „Wir vertrauen auf Handarbeit, Leidenschaft und das Können kleiner Röstereien", betont Markmann. Wenn die Rohware nicht gut ist, kann auch der beste Röstmeister nicht mehr viel ausrichten. Wer Premiumqualität will, muss auch einmal Nein sagen können.

Ja sagen die Niendorfer zu *Black Bean* – auch, weil sie zumindest an Sonnentagen die Gelegenheit haben, sich draußen vor dem Coffeeshop einen Platz zu sichern. Auf den Tisch kommen alle denkbaren Kaffeevarianten, vom klassischen kleinen Schwarzen über Macchiatos bis hin zum Café Mexicana und zum Muggefugg. Sogar wer eher zu Tee, heißer Schokolade, Smoothies oder Iced Drinks tendiert, kommt nicht zu kurz. Aber Carsten Markmann und sein Team legen noch einen drauf. Weil den richtigen Genuss erst Gebackenes komplettiert, bieten sie zusätzlich eine feine Auswahl an Muffins und Bagels, Wraps, Croissants und Kuchen an. „Das gehört für mich einfach dazu", sagt der Shop-Chef. Für Engagement und Beharrlichkeit bedanken sich die Gäste beim Freund der schwarzen Bohne mit großer Treue.

BLACK BEAN
Carsten Markmann
Tibarg 32c, 21129 Hamburg-Neuenfelde
Telefon 040 / 81 97 29 38
markmannbb@aol.com
www.black-bean.de

ERSTKLASSIG UND UNVERWECHSELBAR

Auf dem Süllberg hat Karlheinz Hauser eine ganze Gourmet-Welt geschaffen

Wenn Karlheinz Hauser von einem „fantastischen Blick auf die Elbe" spricht, den der *Süllberg* biete, dann handelt es sich keinesfalls um eine Übertreibung. Die hat er nicht nötig, in keiner Hinsicht – Lage, Anspruchshaltung und Erstklassigkeit seiner Gourmet-Welt auf den Süllbergterrassen sprechen für sich. Seit 2002 ist der renommierte Koch und Gastronom Pächter des Hauses, dessen Geschichte bis ins elfte Jahrhundert zurückgeht. 1060 wurde auf dem 75 Meter hohen Berg erstmals eine Burg errichtet, die heute noch erhaltene Anlage entstand 1887 und spannt nach der Renovierung galant den Bogen von der Tradition zur Moderne.

Zum kulinarischen Teil des Gebäudekomplexes gehören die Almhütte, das Deck 7 und das Seven Seas. Jedes Restaurant folgt einem eigenen Konzept: Die Almhütte bringt bayerischen Charme nach Hamburg – im Sommer ergänzt durch den Biergarten – und zünftige Gerichte auf den Tisch, zubereitet von Küchenchef Benjamin Zehetmeier. Frisch-moderne Raffinessen oder Feines aus der Pâtisserie bietet das Deck 7. Im Seven Seas wiederum speist der Gast in edlem Ambiente auf Zwei-Sterne-Niveau – Karlheinz Hauser und sein Team achten dabei selbst auf kleinste Details. Jedes Brötchen ist selbstgebacken, jeder Käse auserlesen, jeder Wein vom Sommelier ausgesucht. Exklusivität ist dabei nicht das Ziel – der *Süllberg* soll allen offen stehen. Die Ansprüche sind dennoch denkbar hoch: „Bei allem, was wir tun, wollen wir möglichst perfekt sein – bei den Speisen, der Gestaltung, dem Service", so Geschäftsführer Karlheinz Hauser.

Beliebt ist der *Süllberg* auch für das Ausrichten großer Events; seine Geschmackswelten ermöglicht Karlheinz Hauser auf Wunsch außer Haus in Form von Catering, aber auch vor Ort: Der Ballsaal verleiht mit seinem liebevoll restaurierten Jugendstil jeder Feierlichkeit das gewisse Etwas. Wer anschließend das „kulinarische Erlebnis Süllberg" noch ein wenig nachwirken lassen möchte, der kann in der Seaside Lounge in den Sessel sinken oder die Nacht im Hotel verbringen – in exquisitem Ambiente und mit unverwechselbarer Aussicht versteht sich.

KHH SÜLLBERG
BETRIEBSGESELLSCHAFT MBH
Karlheinz Hauser
Süllbergsterrasse 12, 22587 Hamburg
Telefon 040 / 8 66 25 20
info@suellberg-hamburg.de
www.suellberg-hamburg.de

STADT, LAND, GENUSS

Unvergleichliches Idyll und niveauvolle Speisen bietet ein norddeutsches Gasthaus

Immer noch Stadt, aber auch schon ein bisschen ländlich – so präsentiert sich das Umfeld der *Speisenwirtschaft Wattkorn* in Langenhorn. Und genau darin besteht auch ihr einzigartiger Charme: Kaum brechen die ersten Sonnenstrahlen durch die Wolkendecke, ist das Lokal noch voller als sonst – denn idyllischer können erholungsdurstige und feinspeisende Städter nach nur zehn Minuten Fahrt kaum sitzen. „Unser Außenbereich zählt zu den schönsten Hamburgs", ist Inhaber und Küchenchef Michael Wollenberg überzeugt. Die Terrasse zieren frisch beblumte Hochbeete; in Schwüngen angelegte Steinmauern formen Wohlfühlbuchten mit Holzbänken und -tischen für die Gäste; Kinder finden auf der saftigen Wiese und dem Spielbereich ausreichend Platz zum Toben.

Michael Wollenberg weiß eben, was er tut. Insgesamt drei Restaurants führt der erfahrene Gastronom und mehrfach ausgezeichnete Koch: das Marlin, den Eichenkrug und seit 2005 auch das *Wattkorn*. Hier möchte er seinen Gästen norddeutsche Atmosphäre und Spezialitäten bieten – unabhängig von Alter oder Status. „Wir sprechen mit dem *Wattkorn* die betagtere Generation an, versprühen aber auch innovativen Geist für das jüngere Publikum", beschreibt Michael Wollenberg sein gastronomisches Konzept. So erklärt sich auch die auf den ersten Blick bunte Auswahl an Speisen auf der Karte. Da steht das Jägerschnitzel neben dem Chili con carne, findet sich das gebratene Dorschfilet ebenso wie Sashimi vom Loup de Mer und stehlen sich das Ochsen-Entrecôte und das Khampabeef gegenseitig die Schau.

Das Fleisch bezieht Michael Wollenberg fast ausschließlich von Jägern aus der Region, manchmal ist er höchstpersönlich bei der Jagd dabei. Die Wurstspezialitäten werden extra für das *Wattkorn* hergestellt. „Bei uns liegt reine Natur auf dem Teller", betont der Gastronom. Auch das Gemüse kommt zu großen Teilen aus hiesigem Anbau. Die Annehmlichkeiten von Region und norddeutschem Flair kann man übrigens über Nacht genießen: einfach ein Zimmer in dem urigen Landgasthaus, übrigens einem der ältesten Hamburgs, buchen – original mit roten Klinkern und traditionellem Reetdach.

SPEISENWIRTSCHAFT WATTKORN
Michael Wollenberg
Tangstedter Landstraße 230, 22417 Hamburg
Telefon 040 / 520 37 97
info@wattkorn.de
www.wattkorn.de

WILDENTE MIT ROTKOHL
Dieses Rezept finden Sie auf Seite 135

VON KUTTERN UND KANALARBEITERSCHNITTEN
TIERISCH GUT

Spezialitäten aus Fisch und Fleisch? Kann Hamburg beides.

Hunderte Menschen, buntes Geplauder und anregende Live-Musik – solch ein Trubel am Sonntagmorgen um fünf Uhr? In Hamburg muss man dafür nicht in einem angesagten Club stehen. Vielmehr zieht es unzählige Frühaufsteher beziehungsweise Spätzubettgeher auf den berühmten Fischmarkt direkt an der Elbe im Stadtteil Altona. Bei rund 700 Händlern finden sie hier neben dem Charme der langsam erwachenden Elbmetropole eine nahezu grenzenlose Palette an Produkten aller Art – von Obst über Souvenirs bis hin zu Blumen. Und natürlich vor allem das, was der Name verspricht: Fisch. Laut dem Verwalter, der Fischmarkt Hamburg-Altona GmbH, werden hier pro Jahr 36 000 Tonnen davon umgeschlagen.

Berühmt ist der Markt seit jeher – bei Besuchern für seine einzigartige Atmosphäre mit Matjesbrötchen und Marktschreiern, bei den Händlern für Frische und Auswahl. Seine Geschichte geht auf die „Magistratus-Verordnung wegen der Fische" von 1703 zurück. Sie erlaubte den Fischern entgegen der christlichen Tradition, am Sonntag vor dem Gottesdienst ihren Fang an der großen Elbstraße zu verkaufen, damit sie „nicht in eußersten Ruin gerathen".

Dass Hamburg kulinarisch für hervorragende Fischspeisen steht, ist klar. Die Elbe und damit die Nähe zum Meer, der Hafen, die Kutter, die Seeluft – all das klingt wie ein Qualitätsversprechen. Aber Fleisch? Da dürften die meisten überrascht aufhorchen. Doch tatsächlich kann Hamburg in beiden Bereichen höchsten Ansprüchen genügen. Im Handel wird exzellentes Bio-Beef – nicht selten aus der direkten Umgebung – verkauft. Nahe Hamburg bieten

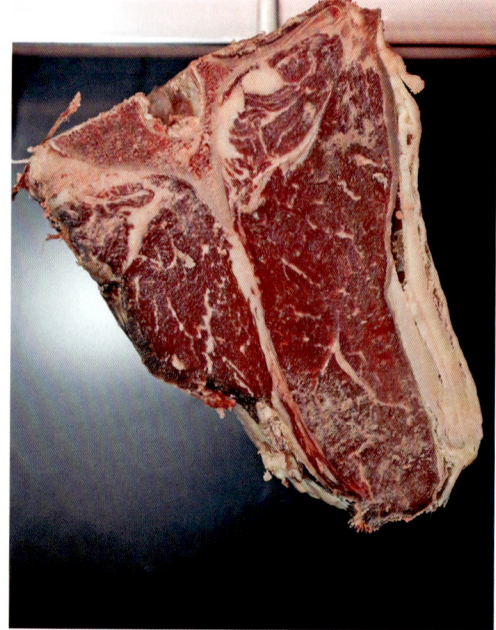

zahlreiche Höfe zur Abholung oder im angebundenen Laden Fleisch in Bio-Qualität von Rind, Schwein, Lamm und Geflügel. Zwischen Wiesen, Wald und Moor, als Lamm auch auf dem Deich, können die Tiere artgerecht aufwachsen, bis sie zu hochwertigen Produkten verarbeitet werden.

In Hamburg schätzt man unter anderem Heidschnucken-Salami, Stangen-Knipp und Lammbratwürste. Nicht ursprünglich aus der Hansestadt, dafür aber ein typisches Seemannsgericht ist Labskaus. Der Brei besteht aus gepökeltem Rindfleisch, eingelegter Roter Beete, Zwiebeln und Kartoffeln. Denn dem Schiffskoch, auch Smutje genannt, standen früher auf hoher See nur lang haltbare Lebensmittel zur Verfügung. Solche Klassiker erleben heute ein kulinarisches Revival, bisweilen in moderner Abwandlung: Bei der „Kanalarbeiterschnitte" wird Rinderfilet-Tatar kurz auf Schwarzbrot gebraten und nach Wunsch neben den konventionellen Zutaten mit Kaviar serviert. Auch Steaks erfreuen sich zunehmender Nachfrage. Längst säumt die Straßen Hamburgs eine Vielzahl an Steakhäusern, die ihrem Gast ein saftig gebratenes Stück Fleisch servieren, zubereitet auf heißem Stein, auf nordamerikanische, argentinische oder brasilianische Art.

Wer selbst (Hand) anlegen möchte, um beispielsweise Wild zu genießen, der kann das ohne lange Fahrzeiten tun: Das Jagdgebiet Sellhorn liegt nur eine Dreiviertelstunde westlich von Hamburg entfernt. War der Versuch nicht von Erfolg gekrönt, sollte man sich nicht lange ärgern. Wieder zurück in der Hansestadt freuen sich nämlich zahlreiche Restaurants, dem Gast ihr Können in Sachen Wildgerichte zu beweisen. Nach einem Kaninchenragout oder einem Rehbraten dürften sich die Gedanken ausschließlich um den Genuss der feinen Speise drehen. Denn ja, auch das können die Hamburger.

DER FISCH? NACHHALTIG UND FRISCH

Ein Koch beweist Wagemut, Beweglichkeit und eine konsequente Haltung

Unterhält man sich mit Malte Cuhlmann, kann es gut sein, dass das Gespräch unterbrochen wird – durch den Hamburger Fischhändler seines Vertrauens, der mit ihm am Telefon den Fang des Tages, seinen Bedarf und den Preis abklären will. Der junge Restaurantinhaber tut eben das, was er propagiert: Er verbindet, knapp formuliert, Nachhaltigkeit und Fisch. Seit 2013 führt der gelernte Koch gemeinsam mit seiner Frau Doreen Jacob *Das Seepferdchen am Hafen* in einer ehemaligen Fischlagerhalle, die bis heute hier und da zwischen der geschmackvollen Einrichtung durchscheint, etwa in der leichten Schräge des Bodens oder dem Ladekran unter der Decke.

Was der Gastronom mit seinem Fischhändler vereinbart, landet als Catch of the Day „Käptn Kuddels Fischkiste" – benannt nach Cuhlmanns Großvater – frisch auf dem Teller, zum Beispiel als Hummerbisque oder Cordon bleu von Havelzander und Bachsaibling. Unter den Gerichten sind auch ungewöhnliche Fischsorten wie die Meeräsche. „Bei uns gibt es Produkte, mit denen andere sich nicht beschäftigen", stellt Malte Cuhlmann fest. Er weiß: „Fisch zuzubereiten ist komplex, dafür muss man ein Gespür entwickeln."

Auch auf die Frische und Hochwertigkeit aller anderen Zutaten legt er größten Wert. Das Gemüse kommt aus den Vierlanden, die Weinsorten sind ausgewählt. Die Karte präsentiert sich entsprechend schlank, aber erlesen. Damit hat sich *Das Seepferdchen am Hafen* als gehobenes Fischrestaurant etabliert und zieht auch Gäste aus größerer Entfernung an. Besonders beeindruckt zeigte sich ein weltgewandter Geschäftsmann, der am Silvesterabend mit seiner Frau einkehrte. Er habe nur ungern um zwölf zum Feuerwerk gehen wollen, erzählt Cuhlmann, und das Restaurant mit dem Ausspruch verlassen: „So gut habe ich noch nie gegessen!"

Trotz des Lobes will der Koch in Bewegung bleiben – indem er seine Gerichte immer weiter verfeinert, aber auch durch wechselnde Veranstaltungen wie das Krimi Comedy Dinner. Außerdem: Das „Seepferdchen-Feeling" gibt es auch für zuhause; Malte Cuhlmann gestaltet auf Nachfrage gemeinsam mit seiner Frau Home-Cooking-Events.

LACHSFILET „SHICHIMI STYLE" AUF GURKENSALAT
Dieses Rezept finden Sie auf Seite 136

DAS SEEPFERDCHEN AM HAFEN
Große Elbstraße 212, 22767 Hamburg
Telefon 040 / 38 61 67 49
info@das-seepferdchen.de
www.das-seepferdchen.de

DIE FLEISCH-SOMMELIERS

Ein Geschwisterpaar verschreibt sich feinstem Geschmack

Claas Rudolf Habben und Eltje Helene Felbier haben sich entschieden: Das Fleisch, das ihr Unternehmen *Beisser* anbietet, soll nicht nur gut sein, sondern das beste. Auf feinste Fleischspezialitäten haben sich die Geschwister konzentriert, die den Familienbetrieb in sechster Generation führen. Traditionell, artgerecht und handverlesen – dieses Konzept setzen sie mit aller Konsequenz um. Immer mit dem Gespür für dasjenige, was das Fleisch von *Beisser* zu etwas Besonderem macht. Es stammt etwa von Färsen, also weiblichen Rindern, die noch nicht gekalbt haben und deren Fleisch eine feine Marmorierung aufweist. Oder von Schweinen, die doppelt so lange heranwachsen dürfen wie ihre Artgenossen aus industrieller Haltung. Oder von Lämmern, die auf Deichwiesen in Schleswig-Holstein grasen. Die Tiere stammen dabei überwiegend von Landwirten aus dem Hamburger Umland.

Die Voraussetzungen bei Aufzucht, Transport und Schlachtung kann man schmecken, wissen Habben und Felbier. Als „Fleisch-Sommeliers" könnte man sie gar bezeichnen. „Ähnlich wie beim Wein kann Fleisch ganz unterschiedlich im Geschmack sein – ein US-Beef ist sanfter, ein deutsches Dry Aged Beef wiederum kräftiger", erklärt Claas Habben. In den zwei Feinkostgeschäften in Eppendorf und Ottensen, im Bistro Steak & Grill im Alsterhaus oder beim Catering kann sich der Kunde selbst davon überzeugen. Bis zu 2.500 Personen kann *Beisser* bei einem BBQ-Event oder einer Veranstaltung verköstigen. In der Steak-Akademie wird den Teilnehmern ein Sieben-Gänge-Steaktasting geboten und die Möglichkeit zu lernen, selbst ein „perfektes Steak" zuzubereiten – all das in gehobenem, zeitgeistig stilvollem Ambiente. Wer gerne zuhause brät, kann sich ausgesuchte Waren über den Onlineshop per Express-Versand kommen lassen – deutschlandweit.

Die Beispiele zeigen: Längst ist *Beisser* nicht mehr „nur" Fleischerei, sondern eine ganze Erlebniswelt rund um das Thema Fleisch. Claas Habben und Eltje Felbier setzen eben gerne frische, neue Akzente, erweitern Sortiment und Unternehmensportfolio. Bei allem Wandel legen sie gleichzeitig höchsten Wert auf authentisch gelebte Tradition. „Das Handwerk spielt nach wie vor eine sehr große Rolle", betonen beide.

DRY AGED T-BONE-STEAK
Dieses Rezept finden Sie auf Seite 137

BEISSER GMBH & CO. KG
info@beisser.de
www.beisser.de

MEHR FRISCHE? GEHT KAUM!

Bei Roland Teichmeier wandert der Fisch vom Meer auf den Teller

Roland Teichmeier ist das, was man wohl ein Hamburger Original nennen könnte. Er „schnackt" direkt und geradeheraus, lässt sich ungern reinreden und fackelt nicht lange, sondern packt an. Authentischer geht nicht. Frischer auch kaum, was die Hauptzutat der Speisen in seinem *Fischmarkt Bistro* angeht: den Fisch. Wenn Teichmeier die Hintertür seines Ladens öffnet, tritt er in den Mittelgang der Fischmarkthalle – dort, wo der Fang direkt von der See angeliefert wird. Einen kürzeren Transportweg gibt es also nicht; vom Meer direkt auf den Teller quasi.

„Hier bin ich an der Basis", stellt er denn auch fest. Den Bedarf für den nächsten Tag bestellt er nachts und kühlt die frische Ware im gegenüberliegenden Lagerraum. Darunter sind Lachs, Scampi, Wolfsbarschfilet und Bismarckhering. Das Gemüse bezieht er vom Wedeler Wochenmarkt, den Salat vom Altonaer Markt. Die Brötchen werden speziell für das *Fischmarkt Bistro* von einer nahegelegenen Bäckerei hergestellt. Stets geht es Teichmeier um den Regionalbezug – und natürlich die Qualität der Produkte.

Aus ihnen kreiert er unter anderem Fisch-Burger, -brötchen, -suppe und -filets nach Tagesangebot. Kochen gelernt hat der erfahrene Gastronom im elterlichen Betrieb. Die fertigen Speisen werden in uriger Atmosphäre serviert. Getrocknete Bacalao hängen von der Decke, historische Fotografien vom Hamburger Hafenleben an den Wänden. Und mittendrin schnellt der Ladenbesitzer behände vom Tresen zur Grillplatte, von der Grillplatte zum Gast und wieder zurück zum Tresen. Es riecht, es zischt, es brutzelt; manchmal so laut, dass die Bedienung kaum die Bestellung entgegennehmen kann.

Den Einsatz wissen seine Gäste zu schätzen. 80 Prozent seien Stammkunden, weiß Teichmeier und ergänzt nicht ohne Stolz: „Die Kundschaft entscheidet, was gut ist und wo sie essen will." Das *Fischmarkt Bistro* wurde auch schon Testsieger, wenn etwa die regionale Zeitung das beste Fischbrötchen suchte. Ein Beweis? Beim Verlassen des Edelimbisses kann man den meisten Gästen ihre Zufriedenheit am Gesicht ablesen.

FISCHMARKT BISTRO
Große Elbstraße 133, 22767 Hamburg
Telefon 0172 / 9 77 08 60
www.fischmarkt-bistro.de

DIE KULINARIK DES UMKREISES

Ein Hamburger Gastronom führt Großstädter an heimisches Wild heran

Das Jagdfieber hat Felix Hütterott geerbt: Schon der Urgroßvater legte gezielt, aber mit Bedacht die Flinte an. Der Urenkel tat es ihm nach und machte mit 16 Jahren seinen Jagdschein. Dass er rund ein Jahrzehnt später ein Wildrestaurant eröffnen würde, dürfte er damals allerdings noch nicht geahnt haben. Nach jahrelanger Tätigkeit als Automobilkaufmann brachte ihn ein befreundeter Wildhändler auf die Idee. Felix Hütterott arbeitete ein Konzept aus und suchte eine geeignete Lokalität. Im Oktober 2014 war es dann soweit. Das Restaurant *Hamburgs Wildnis* öffnete in Eppendorf mit einer klaren Devise: „Wir wollen Hamburger Qualitätswild servieren und zeigen, dass es anderes Fleisch ist und auch anders schmeckt", so der junge Gastronom.

Ohne einen Küchenchef mit Gespür für die Zubereitung von Wild würde ein solches Unterfangen jedoch ins Leere laufen. Felix Hütterott weiß: „Der Koch ist die Seele des Restaurants." In diesem Fall trägt die Seele den Namen Mirco Giese. Gelernt hat er im Hamburger Vier Jahreszeiten, gearbeitet unter anderem im Gourmetrestaurant Seven Seas und für die deutsche Fußball-Nationalmannschaft, in Kalifornien und New York. Seine Erfahrung landet etwa als Zweierlei vom Hasen mit Kartoffel-Sellerie-Püree oder Spaghetti mit Hirschbolognese auf dem Teller. „Was in der Küche gebraucht wird, bekommen wir innerhalb von 24 Stunden", freut sich Mirco Giese.

Der Gast kann aus einer Mittags- und einer Abendkarte mit saisonal wechselnden Gerichten wählen und seine Bestellung im Souterrain genießen, bei schönem Wetter auch auf der Terrasse. Die Einrichtung hält dabei stilvoll die Balance zwischen Natur und Großstadt. Für das Kochvergnügen am eigenen Herd gibt es *Hamburgs Wildnis* auch zum Mitnehmen: An der Wildtheke finden Kunden Hausgemachtes vom Frischfleisch bis zur Salami.

Allerdings: Im März bleibt das Restaurant geschlossen. „Ich kann dann keine Frische garantieren", erklärt Inhaber Felix Hütterott. „Wenn ich etwas angehe, dann richtig." Wie der Urgroßvater: gezielt, aber mit Bedacht.

HAMBURGS WILDNIS
*Curschmannstraße 9, 20251 Hamburg
Telefon 040 / 46 96 76 79
info@hamburgs-wildnis.de
www.hamburgs-wildnis.de*

HIRSCHTATAR AUF ROTE BETE CARPACCIO
Dieses Rezept finden Sie auf Seite 138

IM SPEICHERSTADTMUSEUM WIRD HAMBURGS KAFFEEGESCHICHTE AUFGEARBEITET

HAMBURGS EXOTISCHE KÜCHEN
EINMAL UM DIE GANZE WELT

Pelmeni, Sega Wot, Empanadas – Hamburg bietet Leckeres aus allen Ländern

Hinüber zu den Niagarafällen ist es nur ein Katzensprung – jedenfalls von Hamburg im amerikanischen Bundesstaat New York aus. Wer nach Port Elizabeth möchte, kann die Küstenstraße entlang des Indischen Ozeans nehmen – wenn er im südafrikanischen Hamburg startet. Etwa 30 Ortschaften dieses Namens soll es rund um den Erdball geben, viele in den Vereinigten Staaten, einige auch in der kanadischen Provinz Manitoba, in Chile und Peru. Die Mehrzahl wurde in der zweiten Hälfte des 19. Jahrhunderts von deutschen Siedlern ins Leben gerufen. An Bord von Auswandererschiffen hatten sie sich auf den beschwerlichen Weg nach Übersee begeben und den Hafen der Hansestadt Hamburg zu ihrem ganz persönlichen „Tor zur Welt" gemacht.

Heute ist die Situation komplett anders. Hamburg hat sich zur Weltstadt entwickelt, lockt als internationale Metropole selbst Menschen aus aller Herren Länder an. Rund 50 Nationen sind hier inzwischen vertreten. Das wirkt sich auf das kulturelle und gesellschaftliche Leben ebenso aus wie auf die gastronomische Szene. Die Globalisierung der Speisekarten hat vor Hamburg nicht Halt gemacht – wie auch in einer Stadt, über deren Hafen seit Hunderten von Jahren Gewürze von den entlegensten Südseeinseln, Fisch aus der Karibik oder Früchte aus Afrika eingeführt werden? Man kann es ruhig so sagen: Die Küche der Welt ist in Hamburg zuhause. Deutsche Gerichte – häufig tatsächlich noch nach Omas Rezepten zubereitet

– sind indes weiterhin ebenso beliebt, wie die hierzulande so geschätzten mediterranen. Dazu gesellt sich mittlerweile eine Vielzahl an Restaurants, die Liebhabern exotischerer Kost Passendes bieten. Manche Spezialitäten – gerade die aus der afrikanischen und asiatischen Kochschule – muten auf den ersten Biss mitunter fremdartig an, doch auch mitteleuropäische Gaumen sind anpassungsfähig. Zudem sind viele Köche zu Kompromissen bereit, was nicht jedem Feinschmecker gefällt. Deshalb empfehlen wir, es bei Gelegenheit einmal mit der wirklich typischen Landesküche zu probieren. Meist reicht ein dezenter Hinweis an den Chefkoch. Und plötzlich schmeckt es tatsächlich so wie in einer vietnamesischen Garküche oder in der Bourbon Street in New Orleans.

Klar ist: Neue Geschmackserlebnisse erschließen sich nur dem, der sich was traut. Und Überraschungen erlebt nur, wer danach Ausschau hält. Also vielleicht mal statt Chicken Wings Golubzi probieren und Pelmeni statt Pizza. Diese traditionellen Kohlrouladen und gefüllten Teigtaschen kommen in russischen, ukrainischen und kaukasischen Häusern auf den Tisch. Eine Köstlichkeit der etwas anderen Art. Damit wartet auch die koreanische Küche auf. Sie wurde von der chinesischen beeinflusst, bietet zudem aber eine Vielzahl an schmackhaften Eigenkreationen, zum Beispiel Bibimbap, Bulgogi oder Japchae.

Ist uns die asiatische Küche noch halbwegs geläufig, können wir mit der afrikanischen kaum etwas anfangen. Dabei lässt sich ganz einfach in Erfahrung bringen, was und wie dort gekocht wird. Hamburg kann nämlich auch Restaurants aufweisen, in denen Gerichte aus Nigeria, Äthiopien oder Gambia serviert werden – Fufu-Brei beispielsweise, Yam-Auflauf oder Sega Wot, ein vorzügliches Rindergulasch mit abessinischen Gewürzen wie Berbere oder Mitmita. Endstation der kleinen kulinarischen Weltreise könnte Lateinamerika sein. Der Subkontinent hat weit mehr zu bieten als argentinische Steakhäuser und brasilianische Churrascarias. Aus Kolumbien kommen leckere Arepas, Empanadas und würzige Suppen wie die Ajiaco Santafereno. Chile steuert zur internationalen Speisekarte Malaya-Rouladen, Kartoffelbrote und Krebspasteten bei, Peru gefüllte Rocotoschoten.

Wer Gefallen an exotischen Gerichten findet, muss in Hamburg keineswegs auf seine Vorlieben verzichten – und kann sich auf Wunsch sogar eigenes Know-how aneignen. Etliche Restaurants bieten nämlich Kochkurse für den heimischen Herd an. Und wer weiß, vielleicht wird ja eine Leckerei aus Nigeria, Chile oder Korea das „next big thing". Wer hätte denn vor Jahren den Siegeszug von Sushi prophezeien mögen?

UN TRIO ITALIANO

Mit Pasta, Öl und Wein teilt Lars Engelke seine Leidenschaft mit den Gästen

Italienische Küche liegt mir am meisten", weiß Lars Engelke von sich. Seine Entscheidung beruht auf 20 Jahren Erfahrung in der Gastronomie und Inspiration aus aller Welt. Selbst in Australien hat er ein Jahr lang gearbeitet. Die italienische Küche aber hat ihn nachhaltig geprägt: „Ich mag einfach den Stil – Gerichte aus frischen Produkten, reduziert auf manchmal nur zwei bis drei Zutaten." Darum hat er sich mit seinem Bistro *engelke*, das er 2006 in Eppendorf eröffnete, genau darauf spezialisiert: pasta, olio, vino. Schon beim Betreten sprechen Pasta, Pesto, Butter und Chutneys Augen und Nase des Gastes an – frisch und hausgemacht, appetitlich drapiert im reich gefüllten Tresen, zum Essen vor Ort oder zuhause.

Neben Nudelgerichten bietet das *engelke* außerdem eine kreative Wochenkarte. Getrüffelter Grünkohl. Hirschfleisch-Burger mit Preiselbeer-Ketchup. Gebratenes Filet vom Steinbeißer auf handgemachten Rotwurstravioli mit umbrischen Berglinsen und Edelfisch-Estragonessenz. Wer die Namen dieser Gerichte liest, dürfte Lars Engelke sofort Glauben schenken: „Wir machen uns viele Gedanken darum, wie wir Speisen eine eigene Note verleihen können", sagt der Inhaber und Namensgeber des Feinkostlokals. Selbst das Frühstück hat mit seiner Mischung aus italienischen, französischen und deutschen Einflüssen einen besonderen Einschlag: Zum Brot kommen Parmaschinken, selbstgemachte Marmelade und Brioche auf den Tisch. Damit nicht genug, versuchen Inhaber und Küchenchef beim Zusammenstellen der Karte, möglichst viele regionale Zutaten zu verwenden. Nicht selten kommen Produkte vom Händler um die Ecke.

Speisen können die Gäste an einem der 30 Plätze auf den drei geschmackvoll und atmosphärisch gestalteten Etagen des Lokals, im Sommer auch auf Tischen und Bänken in der Sonne. Das *engelke* richtet zudem Feiern aus – im kleinen Kreis mit eigenem Koch und Service oder im großen Rahmen wie einer Hochzeit mit bis zu 200 Personen. Selbstverständlich nicht ohne das italienische Trio pasta, olio, vino.

„SALZWIESE IM SALZMEER" – KÖNIGSKRABBE UND KALBSBÄCKCHEN MIT HANDGEMACHTEN RAVIOLI UND FERMENTIERTEM GEMÜSE
Dieses Rezept finden Sie auf Seite 139

ENGELKE – PASTA, OLIO, VINO
Eppendorfer Baum 20, 20249 Hamburg
Telefon 040 / 63 94 58 57
info@engelke-hamburg.de
www.engelke-hamburg.de

EINE EIGENWILLIGE FUSION

Japanische Küche kombiniert ein Koch mit urbaner Geradlinigkeit

I ch probiere vor allem dann eine Kombination aus, wenn ich denke, dass das Ergebnis geschmacklich nicht passt" – diese eigenwillige, dabei aber höchst schaffensreiche Einstellung pflegt Toshiharu Minami, Geschäftsführer und Küchenchef des *Restaurant Zipang*. Seit 2010 verbindet er in Hamburgs Stadtteil Eppendorf „die japanische Küche mit dem Besten, das die westliche Küche zu bieten hat". Der gebürtige Japaner kam 1993 nach Deutschland und hat seitdem reichlich Erfahrung in der Gastronomie gesammelt. Regelmäßig stattet er seiner Heimat einen Besuch ab, holt sich aber ebenso Inspiration bei Restaurantbesuchen in ganz Europa: Spanien, Frankreich, Norwegen. Daraus hat Minami seinen eigenen Stil entwickelt, in dem japanische Einflüsse und die urbane Geradlinigkeit weltstädtischer Gastronomie zusammenfließen. Fusion-Style nennt er seine kreative Art des Kochens.

Das Ergebnis ist so ungewöhnlich wie kulinarisch reizvoll: Minami serviert etwa Entenbrust mit einer Paste aus Miso, also Sojabohnen, oder Aal mit Trüffel an Balsamico-Essig- und Soja-Sauce. Eine Spezialität sind darüber hinaus Gerichte mit Wagyu. „Diese Rinderrasse aus meiner Heimat lagert schnell Fett an, ist aber gleichzeitig nicht fettig im Geschmack, sondern angenehm zart", stellt Minami die Vorzüge heraus. Das Fleisch bezieht er exklusiv aus Düsseldorf. Es wird als Steak gebraten oder thront in Streifen geschnitten auf Sushi-Rollen. Dazu passt ein Glas Koshu-Wein, den eine junge Generation japanischer Weinanbauer mit Leidenschaft und hohem Qualitätsanspruch herstellt.

Berührungsängste vor den Kreationen haben seine Gäste nicht. Im Gegenteil suchen sie das *Zipang* mittags zum Geschäftsessen oder abends zum Sechs-Gänge-Menü ganz gezielt auf. Seinen Erfolg erklärt sich Minami so: „Ich mache das, wovon ich überzeugt bin – und das funktioniert." Offensichtlich: Nicht selten lassen sich Besucher seines Restaurants in die Küche führen, um sich persönlich beim Koch zu bedanken.

RESTAURANT ZIPANG
Eppendorfer Weg 171, 20253 Hamburg
Telefon 040 / 43 28 00 32
info@zipang.de
www.zipang.de

KULINARISCHES NEULAND

Mit Fingerspitzengefühl macht Dwarika Magar Sushi modern

Wenn es um Sushi geht, vertritt Dwarika Magar eine klare Überzeugung: „Den Reis und die Sauce auf den Punkt genau zuzubereiten, ist eine Kunst für sich", weiß der gebürtige Nepalese. Erfahrung sammelte er in renommierten Hamburger Restaurants. Dort entwickelte er ein Gefühl für das Zusammenspiel hochwertiger Zutaten und fand seinen eigenen Stil: Modern Sushi. Dwarika Magar gibt dazu den klassischen japanischen Rollen mit viel Phantasie und Geschmack ein neues Gesicht. Sein modern und hell eingerichtetes *Restaurant Yak & Yeti* ist eines von nur drei Lokalen in Hamburg, die diese Zubereitungsweise beherrschen.

Ein Beispiel ist die sogenannte Rocketstyle Roll. Hier werden Lachs, Gurke, Rucola und Crème Fraîche mit einem Reisblatt umwickelt. Dwarika Magar serviert sie mit einer Mangosauce. Entscheidet sich ein Gast für den Hot & Rocket Style, werden je nach Wunsch Fisch, Fleisch, Garnele oder Geflügel in einem Teigmantel gebacken und gerollt. Zur Verfeinerung stehen Chili-, Mango-, Orangen-, Trüffel- und Terriyaki-Saucen zur Wahl, alle nach hauseigenen Rezepten hergestellt. Eine weitere Modern-Style-Variante ist das New Style Sashimi mit rohem Lachs, Thunfisch, Zander und grünem Spargel. Alles wird mit heißem Olivenöl übergossen und mit Orangen-Trüffel-Sauce serviert.

Dwarika Magar bezieht seine Zutaten aus der Fischmarkthalle und von regionalen Zulieferern und garantiert seinen Gästen, die aus ganz Hamburg in die Restaurants in Winterhude und Schnellsen kommen, damit höchste Qualität. Dass sie sich gern auf „kulinarisches Neuland einlassen" (übrigens auch auf der Sommerterrasse), freut ihn. Im Yak & Yeti wird jeder Gast vom Chef persönlich begrüßt. Von ihm und seinen Mitarbeitern erfährt man selbstverständlich auch, welcher Wein oder welches Bier sich besonders zu den Speisen eignet. Und wenn jemand „Modern Sushi" zuhause probieren möchte? Das geht auch. Auf Wunsch werden die leckeren Rollen auch nach Hause geliefert.

RESTAURANT YAK & YETI
Winterhude
Sierichstraße 122, 22299 Hamburg
Telefon 040 / 47 19 56 77
Schnellsen
Frohmestraße 91, 22459 Hamburg
Telefon 040 / 57 00 24 00
info@restaurant-yakyeti.de
www.restaurant-yakyeti.de

KARAWANE DER KÖSTLICHKEITEN

Ein syrisches Restaurant entführt in orientalische Geschmackswelten

Fragt man Samer Charouf, was die syrische Küche auszeichnet, muss er nicht lange überlegen: „Die Speisen sind sehr fein, selbst im Vergleich zu anderen arabischen Ländern. Und die Gewürze und Kombinationen sind außergewöhnlich vielfältig." Der gebürtige Syrer übernahm 2006 das *Restaurant MAZZA* in Eimsbüttel und vermittelt seinen Gästen schon bei der Vorspeise, was mit Vielfalt gemeint ist. In kleinen Schälchen werden etwa Humus, Kichererbsenpüree mit Tahina, gebratene Auberginen mit Schafskäse und Harissa, Walnuss-Paprika-Paste und Rote-Bete-Paste mit wildem Oregano und geröstetem Sesam serviert.

Beim Konzept beweist der Gastronom Mut: Die Tische werden pro Abend nur einmal belegt, weil das Fünf-Gänge-Menü Pflicht ist; eine Alternative gibt es nicht. Für die Speisenden, unter denen auch viele Gäste aus den Veranstaltungs- und Tagungsräumen des *MAZZA* sind, dürfte es sich indes eher nach Kür anfühlen. Als „Karawane der Köstlichkeiten" bezeichnet Charouf das Menü. Dabei wird der Gaumen immer wieder von kleinen Raffinessen gekitzelt: Der Basmatireis überrascht mit gerösteten Mandeln und Rosinen, das Perlhuhn umspielt eine Feigensoße und das fein schmelzende Baklava wird begleitet von selbstgemachtem Zimteis. Dazu empfiehlt sich ein Glas libanesischer Rotwein, dessen vollmundiger Charakter eigen, aber begeisterungsfähig ist.

Ob es gedauert habe, bis sich die Gäste auf die syrischen Speisen eingelassen hätten? Im Gegenteil, sagt Charouf. Nicht nur ließen sie sich gerne überraschen, er habe auch festgestellt: „Was man selbst nicht kochen kann, schätzt man umso mehr." Auch das zweite *Restaurant MAZZA* in Poppenbüttel kann wachsenden Zulauf verzeichnen. Egal, in welchem Viertel: Immer ist das Service-Personal gut geschult und so aufmerksam, dass ein Gast jüngst die Rückmeldung gab: „Ich hatte das Gefühl, alleine im Restaurant zu sitzen." Im *MAZZA* zu verweilen, fällt leicht. Höchst geschmackvoll vermischen sich Orientalik und westliche Moderne zu einem stimmigen Ganzen.

Der Orient im Herzen Hamburgs – kein bisschen zu viel versprochen.

RESTAURANT MAZZA
Moorkamp 236, 20357 Hamburg
Telefon 040 / 60 87 82 40
info@mazza-hamburg.de
www.mazza-hamburg.de

LAMMRÜCKEN MIT PISTAZIENKRUSTE AN GRANAT-APFEL-BULGUR UND SAFRANSAUCE
Dieses Rezept finden Sie auf Seite 140

JAPAN AN DER ALSTER

Yoko Higashi präsentiert am Jungfernstieg japanische Esskultur

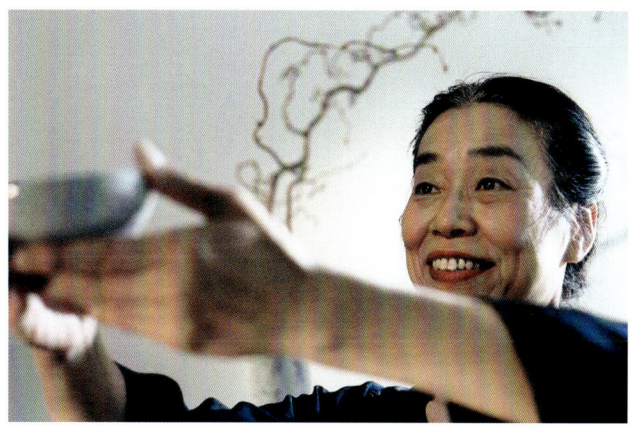

Mit einer klaren Struktur, Schwarz und Weiß als dominierenden Farben und harmonisch gesetzten roten Akzenten – so formvollendet puristisch präsentiert sich das Restaurant *YOSHI* im Herzen Hamburgs. Kein überflüssiges Accessoire verstellt den Blick, die Dekoration ist bewusst schlicht gehalten. Sie beschränkt sich auf Kalligrafien, drei große Taiko-Trommeln mitten im Raum und wenige farbverfremdete Tokio-Ginza-Porträts an der Wand. Inhaberin Yoko Higashi liebt die Konzentration auf das Wesentliche. Seit Ende 2012 betreibt sie das Restaurant auf dem Gourmet-Boulevard im vierten Stock des Alsterhauses – am Abend zwischen 20 und 22 Uhr erreichbar nur über den Extraeingang Poststraße 8. Per Express-Lift geht es von dort direkt nach Japan.

Geboren wurde Yoko Higashi in Nara, der ältesten Hauptstadt des Landes. Nach Deutschland kam sie 1970. In Essen und Wuppertal wurde sie Teil des hoch angesehenen Tanzensembles von Pina Bausch. Die intensiven Jahre auf der Bühne haben sie ebenso nachhaltig geprägt wie die Lebensweise ihrer Heimat. Von der Tanz- auf die Restaurantbühne, das war für sie später ein logischer Schritt. „Es einmal selbst zu erleben ist besser, als von anderen hundert Mal darüber zu hören", zitiert sie ein Sprichwort aus ihrer Heimat. Man solle sich stets an neuen Zielen orientieren, fügt sie an und verweist darauf, dass sich dies bereits im Namen des Restaurants findet: „Yo" steht für „Überreichen", „Shi" bedeutet „Hohes Ziel".

Ein solches liegt für sie darin, ihren Gästen eine schöne und genussvolle Zeit zu bereiten, mit dem Menü im Mittelpunkt, dazu mit einem stilvollen Ambiente und einer passenden Atmosphäre in tragenden Nebenrollen. „Wir möchten den Menschen, die nur des Essens wegen ins *YOSHI* kommen, auch Kultur anbieten", erklärt sie. „Die Gäste bilden das Fundament unserer Aktivitäten. Auf dieser Erde werden wir Wasser gießen und Samen einpflanzen und uns freuen, eines Tages schöne und außergewöhnliche Blumen blühen zu sehen." Tatsächlich haben auch Blumen im Leben der vielseitigen Künstlerin eine bedeutende Rolle inne. Als ausgebildete Ikebana-Meisterin beherrscht sie das kunstvolle Arrangieren auf hohem Niveau.

TEMPURA
Dieses Rezept finden Sie auf Seite 141

Auf der einen Seite gefällt es Yoko Higashi sehr, dass die japanische Küche in Deutschland in den vergangenen Jahren neue Freunde gefunden hat. Auf der anderen Seite vermisst sie in vielen Fällen aber ein deutliches und uneingeschränktes Bekenntnis zur Qualität. „Natur und Frische schmecken am besten auf dem Teller. Das menschliche Können kommt immer danach. Dies besorgen Köche, die stets mit Moral, Motivation, Können und Liebe agieren müssen", sagt sie. Mit welcher Konsequenz Yoko Higashi zu Werke geht, zeigt das Beispiel bei der Zubereitung von Sashimi. „Wenn man beim Schneiden nicht richtig atmet, schmecken Sashimi und Sushi nicht. Sogar das Gemüse verliert seinen eigenen Geschmack." Zu einer weiteren Besonderheit des Hauses zählt das „Kobe Beef", das weltbekannte Fleisch aus Japan. YOSHI ist das erste und momentan einzige eingetragene, offiziell anerkannte Restaurant in Hamburg, das es anbietet, und steht unter strenger Kontrolle aus Japan.

Der Blick auf die YOSHI-Karte lässt keine Fragen offen. Wer meint, die japanische Küche, die übrigens von der UNESCO zum immateriellen Weltkulturerbe erhoben wurde, biete ausschließlich Sushi, wird sich schnell eines Besseren belehren lassen. „Tradition und Moderne" stehen hier harmonisch nebeneinander. Klassische Gerichte wie Sashimi, Sushi und Tempura finden sich etwa in einer Reihe mit neuen wie der Sky Rainbow Roll oder New Style Sashimi. Das nahezu perfekte Tête-à-tête mit der japanischen Kochkunst ermöglicht „Yoshis Bestes 9 Gänge-Menü", ein schmackhafter und beeindruckender Parforceritt durch die Leckereien des Hauses.

Das Leben kann immer interessanter werden, sagt Yoko Higashi. Dazu tragen all die Gäste entscheidend bei, die bereits in Japan waren und im YOSHI die Erinnerungen an ihre Zeit im Kaiserreich auffrischen. Besonders begehrt sind die Plätze auf der seitlich vor der Fensterfront liegenden Terrasse, die eine wunderbare Sicht auf Rathaus, Alte Post und Fernsehturm bieten. Die professionellen Gastronomiekritiker überhäufen die Küche des Hauses mit Bestecken, Punkten und anderen Liebesbeweisen. Es läuft also einfach richtig rund für die Japanerin, die sich und ihren Gästen in Sichtweite der Alster ihr ganz spezielles Stück Heimat geschaffen hat.

YOSHI IM ALSTERHAUS
Jungfernstieg 16–20 / Poststraße 8, 20354 Hamburg
(Nach 20 Uhr Eingang nur Poststraße 8)
Telefon 0 40 / 35 71 44 93
info@yoshi-hamburg.de
www.yoshi-hamburg.de

MEHR ALS KÖTTBULLAR

Anke Gottwein haucht Hamburgs Gastroszene skandinavisches Flair ein

Manchmal sind wir selbst überrascht, wie gut das Konzept ankommt", stellt Anke Gottwein offenherzig fest. Ihr *Karlsons* ist eine Mischung aus Restaurant, Café und Shop, das kulinarische Besonderheiten und dekorative Accessoires aus Skandinavien anbietet. Das Konzept hatte ihre Vorgängerin ausgearbeitet, eine Verbindung zum hohen Norden hat Gottwein aber selbst schon von klein auf verspürt. Ihren Traum vom eigenen Lokal hegte sie viele Jahre im Stillen und arbeitete nach dem Wirtschafts-Studium in Großkonzernen. Bis sie eines Tages sah, dass die Lokalität im Alten Steinweg zur Übernahme angeboten wurde.

Die Lage: mitten in der zentrumsnahen Neustadt, direkt über dem legendären Cotton Club. Die Optik: einladende deckenhohe Fenster und ein luftiger Landhausstil nach – natürlich – skandinavischem Vorbild mit verspielten Details zu klaren Linien. Die Speisen: skandinavische Köstlichkeiten vom dänischen Hot Dog über Köttbullar mit Preiselbeeren bis hin zu Apfelpfannkuchen. Die Karte mit fünf bis sechs Mittagsgerichten wechselt jede Woche, einige „Klassiker" gibt es immer. Besonders beliebt ist das Frühstück im *Karlsons*. Je nach ausgewähltem Stadtnamen bekommen die Gäste etwa in Dill gebeizten Graved Lachs mit Honigsenfsauce, Knäckebrot und hausgemachte Blaubeermarmelade (Århus) oder Nussschinken und Ei mit Kaviarcreme (Kopenhagen) zum Brötchen serviert.

Trotz aller Liebe zum Norden: Manche Spezialitäten wollen selbst Hartgesottene erst einmal probieren, zum Beispiel die Elchsalami. Die Reaktionen seien jedoch durchweg positiv, erzählt Anke Gottwein, die gerne beim Kochen und Backen ihrer Experimentierfreude freien Lauf lässt. Oder sich Inspiration vor Ort holt: Jedes Jahr nach Skandinavien zu fahren, sei für sie „fast schon Pflicht", sagt die Gastronomin augenzwinkernd. Den Rest des Jahres erlebt sie nordisches Flair in ihrem eigenen Lokal. „Unter anderem deswegen bin ich jeden Morgen gerne da." Wem es genauso geht, der kann im *Karlsons* übrigens auch Feiern ausrichten oder statt („nur") zu essen Zimtschnecken backen, sich ein Konzert oder eine Lesung anhören.

KARLSONS –
SKANDINAVISCHE KÖSTLICHKEITEN
Alter Steinweg 10, 20459 Hamburg
Telefon 040 / 52 59 82 33
mail@karlsons.de
www.karlsons.de

NORWEGISCHE APFELPFANNKUCHEN
Dieses Rezept finden Sie auf Seite 141

EAT, DRINK, LOUNGE

Ein kulinarischer Weltenbummel am Rande des Isebekkanals

Sobald die ersten Sonnenstrahlen auf das Wasser fallen, ist das *NOAS* noch beliebter als sonst: Dann öffnet der Boots-verleih am restauranteigenen Steg. Zweier-, Dreier- und Vierer-Kanus, Einer- und Zweierkajaks, Tretboote und sogar Surfboards für Stand Up Paddling können Gäste mieten. Dabei ist das *NOAS* jedoch weit entfernt von einem uncharmanten wettergegerbten Bootshaus. Vielmehr hat Geschäftsführer und Inhaber Stephan Kolba ein stilvolles Restaurant für seine Gäste geschaffen – im gestalterischen und kulinarischen Sinne. In den letzten 20 Jahren hat er mehrere Bar-, Club- und Gastro-Konzepte umgesetzt. Und dennoch, diese Vision schwebte ihm schon im-mer vor: „Die Kombination aus einem Lokal mit exzellentem Essen, Lounge-Charakter und der Möglichkeit, auf dem Wasser aktiv zu sein."

Et voilà: Sein *NOAS* liegt am Ufer des Isebekkanals in Eppen-dorf, bietet lichtdurchflutete, mondän gestaltete Räumlichkeiten über zwei Etagen und eine erlesene Speisekarte. Allerdings: Kolba will zwar hochwertige Küche bieten, seine Gäste aber nicht mit minimalistisch angerichteten Kunstwerken abschre-cken. „Die Gabel darf nichts falsch machen können", ist seine Devise. Das Ergebnis sind etwa ein Straußenburger mit Kürbis-Papaya Chutney oder Thunfischfilet mit gegrillten Pimientos, gekocht und angerichtet in der offenen Küche. Ihren Fisch kön-nen sich Gäste in der gläsernen Auslage auswählen.

Als Spezialität des Hauses gilt das Dry Aged Steak New York Style, das am Knochen in der Reifekammer heranreift. Über-haupt fällt auf, dass Kolbas Reisefreudigkeit ihn zu neuen Produkten inspiriert. Er war auf nahezu allen Kontinenten und bringt von seinen Trips gerne auch die eine oder andere Wein-entdeckung mit, etwa einen Sauvignon Blanc aus Neuseeland oder einen Chardonnay aus Südafrika. Bei seinen Gästen macht Stephan Kolba im Übrigen keine Unterschiede: „Ein spontaner Besuch auf Bier und Burger ist genauso willkommen wie ein Abend mit Fünf-Gänge-Menü." Ihm ist wichtig, Menschen eine gute Zeit zu bereiten. Ergo: Vision erfolgreich umgesetzt.

NOAS
Isekai 1, 20249 Hamburg
Telefon 040 / 57 00 96 90
info@noas-hamburg.de
www.noas-hamburg.de

TREND ZUM SELBSTKOCHEN
EIGENER HERD IST GOLDES WERT

Hobbyköchen kann geholfen werden – im Feinkostladen, auf Wochenmärkten, in Kochschulen

Steffen Henssler und Tim Mälzer, Christian Rach und Cornelia Poletto – die deutschen Fernsehsender haben sich in den letzten Jahren zur zweiten Heimat vieler Hamburger Köche entwickelt. Es vergeht kaum ein Tag, an dem im TV nicht geschnippelt und gebrutzelt wird. Die Reaktionen sind unterschiedlich. Wird im Studio der Induktionsherd angestellt, wenden sich manche Zuschauer mit Grausen ab, während andere sich über Inspirationen, neue Rezepte und unbekannte Zutaten freuen. Fest steht: Die TV-Köche haben zum neuen Boom des Selbstkochens einiges beigetragen.

Es ist ein Hype mit Ansage. Weil mehr und mehr Menschen heute Wert auf hochwertiges und gesundes Essen legen und gern einmal fremde Köstlichkeiten probieren, führt für viele der Weg eher in die eigene Küche als in die Fastfood-Bräterei. Auch Tiefgekühltes verliert an Reiz, so dass die Mikrowelle immer öfter im Ruhezustand verbleiben darf. Stattdessen wird gekocht, richtig gekocht. Mit frischen Zutaten und reichlich Engagement. Und selbst Anfänger, die sich vielleicht zunächst schwer tun, merken schnell: Das ist alles keine Hexerei. Kochen hat stets etwas Magisches und sogar Lustvolles an sich. Und noch dazu eine soziale Komponente. Gruppenkochen im Freundes- oder Kollegenkreis erfreut sich großer Beliebtheit, Rezepte werden ausgetauscht, Kochshows wie „Das perfekte Dinner" nachgestellt.

Gelegentlich geht es in der modernen Küche wie beim Protzer-Stammtisch zu: mein Hightech-Dämpfer, mein Turbogrill, mein Espressocomputer. Edles Küchengerät ist zum Statussymbol geworden. Aber wenn's dem Vergnügen dient oder die Sinnlichkeit am Herd steigert, kann man großzügig darüber hinwegsehen. Wer aufmerksam durch die kleineren Läden mit Küchenaccessoires streift, entdeckt zudem einen gegenläufigen Trend – nämlich den hin zum Kartoffelstampfer im Retro-Stil, zum Besteck im Vintage-Look. Kochutensilien, die aus Omas rustikalem Büffet stammen könnten, erinnern an gemütliche Sonntage beim Mittagsbraten. Und wenn dann noch jemand eine auf dem Dachboden entdeckte Rezept-sammlung mitbringt, kann sowieso nichts mehr schiefgehen.

Und was kommt schließlich auf den Tisch? Nur das Beste. Wer seine Zutaten in der richti-gen Jahreszeit beim Bauern aus dem nächsten Dorf, beim Fischer oder auf einem Obst- und Gemüsehof einkauft, schont Geldbeutel und Ökobilanz. Aber selbstverständlich lässt sich für Premiumqualität auch etwas mehr ausgeben. Da kostet ein Stück Fleisch schon mal einige Hundert Euro. Auch norwegischer Räucherlachs hat seinen Preis, genau wie ausgefallenes Gemüse. Die seltenen Kerbelknollen gibt's etwa ab 25 Euro pro Kilo, häufig auch auf den Wochenmärkten in Hamburg. Die finden sich in jedem Viertel. Schon am frühen Morgen trifft man hier emsige Restaurantprofis ebenso wie ambitionierte Hobbyköche beim Einkaufsbum-mel – alle auf der Suche nach den frischesten regionalen Spezialitäten aus dem Alten Land und den exotischen Delikatessen aus aller Welt. Für deren Güte garantieren die Händler. Sie wissen genau, woher ihre Produkte kommen und was sich aus ihnen zaubern lässt.

Wenn der gute Wille noch ein bisschen größer ist als Kenntnisse und Know-how, dann helfen Kochschulen. In deren top ausgestatteten Küchen dampft und brodelt es in der einen Ecke. In der anderen wird geraspelt und gewogen, gleich daneben nippen zwei Eleven ge-nussvoll am Prosecco. Und anschließend kommen die Teilnehmer an der großen Tafel zum Festmahl zusammen. Lehrreiche und zugleich höchst vergnügliche Unterrichtsstunden mit Gleichgesinnten. Auch viele renommierte Restaurants bieten Kurse und Seminare für alle Geschmäcker, Anlässe und Themen an. Was zeichnet die thailändische Küche aus, wie ge-lingen Saucen, was bewirken welche Gewürze und Kräuter? Und ist „Erotic Food" wirklich ein Versprechen? Viele Fragen, auf die Hamburgs Köche die richtigen Antworten haben – gelegentlich sogar die prominenten, die sonst auf dem Bildschirm präsent sind.

DIE GUTE (KÜCHEN-)FEE

Mit ihrer Leidenschaft für das Kochen verwöhnt und begeistert Tina Urban

Als Kind sagte Tina Urban einmal zu ihrer Urgroßmutter: „So gut wie du will ich auch mal kochen!" Heute hat sie ihr Ziel erreicht: Als Inhaberin und Geschäftsführerin der *Schlemmerschule* ist jetzt sie diejenige, die ihr Wissen rund um das Auswählen erlesener Zutaten und das Zubereiten von Gerichten weitergibt. Die Teilnehmer ihrer Kochkurse lernen nicht nur die westeuropäische Küche kennen, etwa italienische Pasta und spanische Tapas. Das Angebot der *Schlemmerschule* ist auch durch exotischere Regionen der Welt inspiriert. Da wird Sushi auf „California Style" zubereitet, der Duft von Gewürzen aus 1001 Nacht entfaltet oder karibisches Kochgefühl entwickelt. „Die Menschen werden immer experimentierfreudiger", stellt Urban fest, die die Kurse gemeinsam mit einem Team aus spezialisierten Köchen gibt. Den jeweils höchstens zwölf Teilnehmern bringen sie die Landesküche nahe, bereiten mit ihnen Gerichte aus einem mehrgängigen Menü oder auch Saucen und Pralinen zu und geben dabei wertvolle Tipps.

Schon bevor Urban im Jahr 2007 die *Schlemmerschule* eröffnete, hatte sie sich selbstständig und im doppelten Sinne einen Namen gemacht: Als „Schlemmerfee" bietet sie seit 2003 Home-Cooking-Events an. „Ich will die gute Fee sein, die auftaucht, die Gäste verwöhnt und dann spurlos wieder verschwindet", erklärt die Hamburgerin. Die Idee kam ihr, als Freunde ganze Wochenendtrips verschoben, um an einem ihrer Kochabende dabei sein zu können. „Essen schmeckt eben vor allem dann, wenn es mit Leidenschaft zubereitet worden ist", so die passionierte Köchin.

Apropos Ideen: Die gehen der Unternehmerin nicht aus. Neben der großen Bandbreite an Kochkursen und Seminaren bietet sie Veranstaltungen wie Creative, QuickLunch- und After Work Cooking an und über ihren Online-Shop Produkte, die sie beim Home-Cooking oder in der *Schlemmerschule* verwendet. Trotz ihres Erfolgs denkt Tina Urban noch gerne an die frühesten Anfänge zurück: Im Eingangsbereich hängt eine Schwarz-Weiß-Aufnahme von ihrem Vorbild, der Urgroßmutter.

ZWEIERLEI SCHOKOLADENSOUFFLÉ MIT
GEWÜRZKIRSCHEN UND MANGOSCHAUM
Dieses Rezept finden Sie auf Seite 142

SCHLEMMERSCHULE
Mozartstraße 32, 22083 Hamburg
Telefon 040 / 85 18 78 58
tina.urban@schlemmerfee.de
www.schlemmerschule.de

WIDER DIE MASSENWARE

Händler Oliver Jürgens kennt jede Geschichte hinter seinen Haushaltsprodukten

G ibt's nicht mehr? Gibt's doch! Und ist sogar höchst erfolgreich: In bester Lage zwischen Harvestehude und
Rotherbaum verkauft das Küchenfachgeschäft der
Gebrüder Jürgens GmbH hochwertige Haushaltswaren. Und das
seit 1889. Damit ist es Hamburgs ältestes derartiges Ladenkon-
zept. Es hat sich bis heute gegen Internet, Kaufhäuser und
Kaffeevermarkter behaupten können. Das Geheimnis dieses
Erfolgs kann Geschäftsführer Oliver Jürgens, Urenkel des Grün-
ders und in vierter Generation verantwortlich für die Geschicke,
problemlos auf den Punkt bringen: „Was wir hier verkaufen, ist
Qualität statt Masse. Dabei stimmt bei uns immer das Preis-
Leistungs-Verhältnis."

Wer zu seinen Kunden zählt? Vor allem interessierte Hobby-
Köche, die einen hohen Anspruch haben. Bisweilen verbringen
sie ganze Tage im Geschäft, so viel gibt es zu sehen und zu
entdecken. Elegantes Besteck von Alessi Nuovo Milano und
feines Porzellan von Dibbern finden sich hier ebenso wie der
Kräutermörser von Skeppshult mit stilvollem Eichendeckel und
der Bräter von Le Creuset. Nicht selten sind die Produkte von
Oliver Jürgens eine Anschaffung auf Lebenszeit. Der Händler
sucht neben guter Qualität auch stets das Besondere. So kann
ein Schneidebrett durchaus einmal von edlen Padouk-Streifen
durchzogen oder ein japanisches Yanagiba-Messer aus Damast
und Monostahl gefertigt sein. Auch die von Hand gemachten
Herder Windmühlenmesser befinden sich im Sortiment.

Solch ein edles Küchenwerkzeug hat seinen Wert: Ein exklu-
sives Messer kann bei *Gebrüder Jürgens* bis zu 7 000 Euro kos-
ten. „Kein Hamburger Geschäft ist in dieser Hinsicht mehr State
of the Art", stellt Oliver Jürgens ohne falsche Zurückhaltung
fest. Der gelernte Industriemechaniker und Schmied ist eben
Fachmann und hat dem Thema Messer sogar eine eigene
Internetseite gewidmet. Auf messerfreak.de finden sich eine
Vielzahl an hochwertigen Produkten, detaillierte Hintergrund-
informationen sowie Tipps zur richtigen Anwendung. Das ge-
samte Angebot lässt sich über die Website bestellen. Übrigens:
Sollte ein Messer einmal stumpf geworden, die Schneide aus-

oder die Spitze abgebrochen sein, bietet Gebrüder Jürgens an, das gute Stück wieder zur gewünschten Schärfe zu bringen.

Wer das Handwerk des Messerschleifens selbst erlernen möchte, kann hier sogar einen Schärfkurs besuchen. Nach dessen Ende bleiben die Teilnehmer häufig noch ein Weilchen, etwa um historische Stücke aus dem Fundus von Oliver Jürgens zu bewundern. Mit leicht angerostetem Charme verschaffen etwa eine Apfelschälmaschine, der erste fabrizierte Wasserkocher, ein Kaffeeröster und eine Bohnenschneidemaschine einen Eindruck davon, wie sich die Haushaltsführung früher gestaltet hat. Zum Teil reichen die Zeitzeugen bis zum Ende des 19. Jahrhunderts zurück. Bei Gebrüder Jürgens konzentriert sich tatsächlich Küchenexpertise aus über 125 Jahren.

„Fachwissen ist essenziell bei uns", stellt Inhaber Jürgens denn auch fest. „Meine Mitarbeiter und mich zeichnet aber noch eine Eigenschaft aus: Wir kennen die Geschichte hinter den Produkten." Warum hat sich der Produzent gerade für diese Herstellungsweise entschieden, für diese Form, dieses Material? Aus welchem Kulturkreis stammt das Gerät, wofür und wie wird es verwendet? Auf diese und weitere Fragen sollten seine Mitarbeiter eine fundierte Antwort haben. Deswegen stelle er sie nur nach Empfehlungen aus der Branche ein. „Denn die Wertschätzung der Kunden für unsere Expertise und Qualitätsgarantie ist letztlich das, was zählt."

Die hohe Nachfrage zeigt, dass das Konzept des Hamburger Kaufmanns aufgeht. All seine Produkte verkauft er bundesweit über den Online-Shop. Daneben hat er 2014 ein zweites Geschäft in der Rindermarkthalle eröffnet. Hier präsentiert er auf 100 Quadratmetern, was man täglich in der Küche braucht. Anders als im Internet können Kunden jeden Artikel in die Hand nehmen; Qualität ist eben durchaus spürbar. Wenn die Entwicklung entgegen aller Konsumprognosen des 21. Jahrhunderts anhält, kann Oliver Jürgens beide Läden irgendwann seinem Sohn übergeben – dann in fünfter Generation.

GEBRÜDER JÜRGENS
Mittelweg 125, 20148 Hamburg
Telefon 040 / 44 31 97
gebrjuergens@aol.com
www.gebrueder-juergens.de

EINE HALLE, SO BUNT WIE DAS LEBEN

Auf St. Pauli finden Käufer bunte Warenvielfalt und Marktplatzatmosphäre

Emsiges Treiben – wenn dieser Ausdruck auf einen Ort nahezu perfekt zutrifft, dann auf die *Rindermarkthalle St. Pauli*. Da lässt ein Bäcker Teig in die Backform gleiten, hier wiegt eine Händlerin Tee ab und dort warten gut gekühlte Fische geduldig auf ihren Käufer. Dazwischen stehen und schlendern Menschen, die ihren täglichen Einkauf erledigen oder sich bei einer Tasse Kaffee unterhalten wollen, umgeben vom Duft vielfältiger Esskultur.

Wo Besucher aus quasi 1001 Produkten wählen können, wurde noch bis in die 1970er Jahre hinein Handel mit Nutztieren betrieben. Im Eingangsbereich zeugt ein Bildnis von diesen Ursprüngen, eingelassen in den roten Klinker der 1951 erbauten und heute denkmalgeschützten Halle. Seit 2014 bieten auf den von EDEKA Nord sanierten 15 000 Quadratmetern über 30 Marktstände und Läden ihre Waren an: von Spezialitäten aus Griechenland, Spanien, Italien, der Türkei und Indien über hochwertiges Gemüse und Fleisch bis zu erlesenen Weinen, Kaffee- und Teesorten. Ob versierter Hobbykoch, Veganer oder Student – den Wünschen sind dabei keine Grenzen gesetzt. Die Besonderheit der Rindermarkthalle: Eingekauft wird nicht in einem wesenlosen Einkaufszentrum, sondern in der Atmosphäre eines belebten Marktplatzes mit rund 20 Ständen. Vom „Einzelhandel der Zukunft", spricht Objektmanager Jan Henker deshalb. „Den Charme macht das hohe Maß an Individualität und Servicequalität aus."

Neben Lebensmittelgeschäften und Gastronomiebetrieben finden sich auch soziokulturelle Einrichtungen wie ein Theaterprojekt, eine Streetart-Schule und ein Kindergarten. Hier soll sich eben das Leben der Bewohner aus den angrenzenden Quartieren abspielen – die *Rindermarkthalle* ist Nahversorger und Treffpunkt zugleich. An Gesprächsstoff dürfte es nicht mangeln: Wenn etwa eine Ausstellung Chocolate-Books und Handtaschen-Wein als neueste Food- und Design-Trends vorstellt oder eine Confiserie zur Pralinenherstellung einlädt, ist für besondere Augenblicke gesorgt. Und emsiges Treiben.

RINDERMARKTHALLE ST. PAULI
Neuer Kamp 31, 20359 Hamburg
Telefon 040 / 87 97 63 90
info@rindermarkthalle-stpauli.de
www.rindermarkthalle-stpauli.de

WENN ES RICHTIG PERLEN SOLL …

Gisela Marie Gust bringt edelsten Champagner nach Deutschland

Es gibt viele gute Gründe für ein Gläschen Champagner: die Liebe, die Feier, die besonderen Momente im Leben, die noch gekrönt werden können. Gerne mit einem guten Schaumwein: „Seit mehr als 30 Jahren empfehle ich das Champagnerhaus *Jacob Robert*", verrät Gisela Marie Gust, Expertin aus der idyllischen Gemeinde Rosengarten inmitten der Harburger Berge. Seit ihrer Zeit in Paris Mitte der 1970er-Jahre importiert sie die feinen Tropfen aus dem Herzen Frankreichs – und bereitet damit zahlreichen Kunden große Freude. „Viele sind mir seit den ersten Tagen treu geblieben", sagt sie mit berechtigtem Stolz.

1960 gegründet, gilt der Familienbetrieb *Jacob Robert* als relativ junges Unternehmen. Seine Champagner sind vielfach prämiert und in namhaften Weinführern exzellent bewertet worden, was die Kunden honorieren und erfreut. Gisela Marie Gust kennt die Familie, Gründersohn Daniel Jacob und seine Ehefrau Edith sehr gut. „Uns eint die große Begeisterung für das Gute und Feine", betont sie. Und schwärmt vom „eleganten und finessenreichen" Champagne Brut Réserve, vom feinperligen Brut Prestige und vom fruchtigen, frischen Brut Rosé. Aber – und da macht die Kennerin eine wichtige Einschränkung –, das seien alles nur persönliche Empfehlungen. Denn: „Entscheidend ist, was dem Kunden schmeckt".

Im Laufe der Jahre hat Gisela Marie Gust ihr Sortiment um ein exquisites Angebot an ausgesuchten Weinen erweitert. Ihr Enthusiasmus gilt Jahrgangsweinen und Spirituosen-Raritäten. Zum Erfolg führt meistens die Recherche bei den im Laufe der Jahre gewachsenen, guten internationalen Verbindungen. Denn wer mit so viel Leidenschaft dabei ist, versucht unbedingt, dem Kunden die gewünschte Rarität liefern zu können. Gisela Marie Gust, Mitglied im „Verein eines Ehrbaren Kaufmanns", liebt zudem kleine Extras. Eine besondere Geschenkverpackung, ein persönlich gestaltetes Namensetikett, eine gravierte Flasche: Ihr Service macht den Unterschied! Damit selbst noch der außergewöhnlichste Moment die gewünschte Krönung erfährt.

GISELA MARIE GUST
CHAMPAGNER & WEINE & RARITÄTEN
Auf den Schwarzen Bergen 2a
21224 Rosengarten-Ehestorf
Telefon 0 40 / 79 61 23 44
giselagust@online.de
www.champagner-wein.de

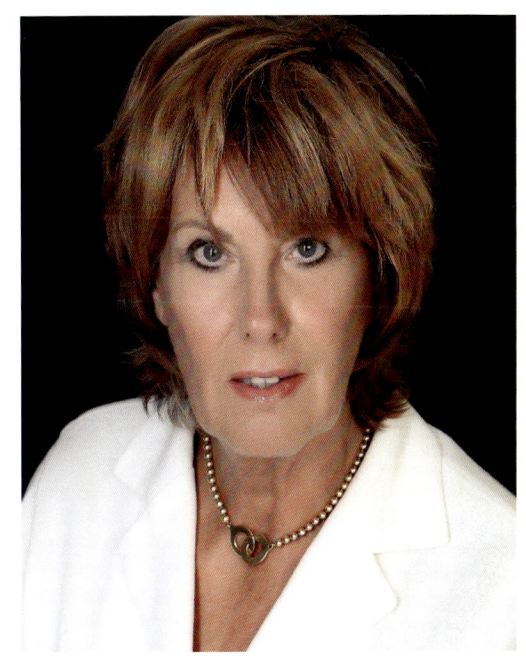

LACHSTATAR MIT MEERESSPARGEL AN EINER GURKEN-GAZPACHO
Dieses Rezept finden Sie auf Seite 143

REZEPTE

GESCHMORTES KALBSBÄCKCHEN MIT SELLERIE, KARTOFFEL-BÄRLAUCH-PÜREE UND FAVE-TONKA-BOHNENJUS

The Rilano Hotel Hamburg, Seite 60

ZUTATEN FÜR 4 PERSONEN

*20 g Knollensellerie, 20 g Karotten, ½ Gemüsezwiebel,
1 TL Tomatenmark, 5 weiße Pfefferkörner, 2 Sternanis,
4 Pimentkörner, 8 Senfkörner, 1 Thymianzweig,
½ Lorbeerblatt, 5 weiße Champignons (in Scheiben),
2 Schalotten (in Würfeln), 50 ml Rotwein, 50 ml Portwein
rot, 30 ml Madeira Wein, ½ Fave-Tonka Bohne, 20 g kalte
Butter, Fleur de Sel, 750 ml Geflügelfond, Salz, Pfeffer
aus der Mühle, Rapsöl zum Braten, 1 Knoblauchzehe,
100 g Stangensellerie, Zitrone, 200 g Bärlauch, 50 ml na-
tives Olivenöl extra, Parmesan nach Geschmack, Spritzer
Zitronensaft, 35 g Pinienkerne, 600 g mehlig kochende
Kartoffeln, 100 ml Schlagsahne (mind. 33 % Fettanteil),
50 ml Vollmilch (3.5% Fett), geriebene Muskatnuss,
30 g Butter*

ZUBEREITUNG

Die Kalbsbäckchen waschen, trocken tupfen, salzen,
pfeffern und von allen Seiten in Rapsöl scharf anbraten.
Danach auch Karotten, Sellerie, Zwiebel mit Schale
anbraten und Farbe annehmen lassen, dann Piement-
körner, Senfkörner, Sternanis, Pfefferkörner kurz mit
anrösten. Tomatenmark zugeben und kurz mit anrösten.
Alles mit Rotwein, Portwein und Madeira Wein ablöschen
und auf die Hälfte reduzieren. Danach mit dem Geflügelfond auffüllen, Thymian, Lorbeer, Knoblauch hinzugeben

und etwa zwei bis drei Stunden bei 175 °C im Ofen
schmoren. Die Kalbsbäckchen sind gar, sobald sie von
der Fleischgabel rutschen.

Die Sauce durch ein feines Passiersieb passieren. Die
Schalottenwürfel in Rapsöl anbraten, Pilze und den
passierten Schmorfond hinzugeben. Auf ein Viertel
reduzieren lassen, erneut passieren, mit Fleur de Sel,
Pfeffer sowie geriebener Fave-Tonka Bohne abrunden
und mit der kalten Butter binden.

Mit Bärlauch, dem Nativen Olivenöl extra, Parmesan, Salz,
Pfeffer, einem Spritzer Zitronensaft und den Pinienkernen
ein Pesto zubereiten und es lichtgeschützt aufbewahren.
Staudensellerie waschen, putzen, in kleine Würfel
schneiden und anschließend in kochendem Salzwasser
blanchieren, dann in Eiswasser abschrecken.

Für das Kartoffelpüree die Kartoffeln in Salzwasser weich
kochen. Sahne und Milch zusammen aufkochen, dann die
Kartoffeln durch eine Presse drücken und mit der Sahne-
Milch-Mischung, Fleur de Sel, Pfeffer, Muskatnuss und
Butter abschmecken. Als Dekoration eignen sich Stauden-
sellerieblätter, Sellerie-Öl, Kartoffel-Esspapier und Erbsen-
kresse.

Das Fischfilet in Würfel schneiden, dann in der Pfanne
anbraten.

HAUSGEMACHTE TAFELSPITZRAVIOLI MIT MEERRETTICHSCHAUM, CHUTNEY UND CHIPS VON DER ROTEN BEETE

Witthüs – Restaurant. Café. Teehaus, Seite 62

ZUTATEN FÜR 4 PERSONEN

500 g Tafelspitz, 1 Karotte, 200 g Sellerie, ½ Zwiebel, Nelken, Pfefferkörner, 4 Lorbeerblätter, 2 l Gemüsebrühe
Füllung *2 EL geriebener Parmesan,*
1 TL gehackter Majoran, 1 Zitrone (Saft und Schale),
2 TL geriebener Meerrettich
Nudelteig *150 g Hartweizengrieß, 150 g Mehl, 3 Eier,*
2 EL Olivenöl, Salz, 1 Eigelb
Sauce *3 Schalotten, 100 ml Weißwein, 100 ml Noilly Prat (französischer Wermut), ½ l vom Tafelspitzfond,*
200 ml Sahne, 2–3 EL geriebener Meerrettich,
1 Zitrone (Saft und Schale), Salz, Pfeffer
Chutney *3 Schalotten, ½ Chilischote, 3 gekochte Rote Bete,*
1 Knoblauchzehe, 1 TL Curry, Himbeeressig,
½ l Orangensaft
Chips *2 Rote Bete, 1 l Öl, Salz*

ZUBEREITUNG

Tafelspitz mit Gemüse, Gewürzen und Fond 3 Stunden leise köcheln lassen. Das abgekühlte Fleisch in sehr kleine Würfel schneiden. Mit den Zutaten für die Füllung gut mischen.

Für den Nudelteig alle Zutaten (außer Eigelb) verkneten, 1 Stunde kühlen und in 2 dünne Bahnen ausrollen. Eine Bahn mit Eigelb bestreichen, mehrere Häufchen Tafelspitzfüllung darauf setzen. Mit der zweiten Nudelplatte bedecken, fest andrücken und ausstechen. Die Ravioli in viel Salzwasser etwa 5 Minuten langsam ziehen lassen.

Für die Sauce Schalotten klein würfeln und anschwitzen. Mit Wein und Noilly Part ablöschen. Restliche Zutaten dazu geben, salzen und pfeffern.

Für das Chutney Schalotten klein würfeln und mit der Chilischote anschwitzen. Rote Bete ebenfalls klein würfeln und mit den verbleibenden Zutaten alles 30 Minuten köcheln lassen.

Frische Rote Bete in feine Scheiben schneiden und in heißem Öl frittieren. Auf Küchenkrepp abtropfen lassen, salzen.

Alles zusammen auf einem Teller anrichten.

REZEPTE

STÖRFILET AUF FENCHELSALAT

Lindner Park-Hotel Hagenbeck, Seite 72

ZUTATEN FÜR 4 PERSONEN

4 Störfilets à 160 g, 120 g Butter, 2–3 Stück Fenchel,
4 Aprikosen frisch oder getrocknet, 12 Frühkartoffeln,
1 Zweig Zitronenthymian, 1 Zweig Eisenkraut,
6 EL Olivenöl, Abrieb von ½ Zitrone, Meersalz,
schwarzer Pfeffer (frisch gemahlen)

ZUBEREITUNG

Die Frühkartoffeln in reichlich gesalzenem Wasser mit
etwas Kümmel und Petersilie kochen. Die Störfilets
waschen und mit einem Tuch trocken tupfen. In einer
Pfanne 60 Gramm Butter mit 3 Esslöffeln Olivenöl
erhitzen und den Stör darin langsam und vorsichtig bei
mäßiger Hitze braten, mit Pfeffer und Meersalz würzen.
Kurz vor Ende des Garens zum Aromatisieren den Zweig
Zitronenthymian mit in die Pfanne geben. Den Stör zum
Ruhen und Nachziehen in der Pfanne an einen warmen
Ort (z.B. bei 50 °C in den Ofen) stellen und in der
Zwischenzeit den Salat vorbereiten. Dazu den Fenchel
waschen, den Strunk herausschneiden, eventuelle Fäden
entfernen und so fein wie möglich schneiden, zum
Beispiel mit einer Aufschnittmaschine. Den Fenchel in
eine Schüssel geben und mit Meersalz, Pfeffer, dem
Zitronenabrieb und 3 Esslöffel Olivenöl marinieren. Die
Aprikosen fein schneiden und hinzugeben. Die Blätter
des Eisenkrauts zupfen und mit unter den Salat heben.
Die Kartoffeln je nach Geschmack pellen und in einer
Pfanne in 60 Gramm Butter schwenken.
Den Stör auf dem Fenchelsalat auf einem Teller anrichten
und mit etwas Meersalz und Olivenöl abschmecken.
Frühkartoffeln auf den Teller geben und genießen.

CHEESECAKE MIT JOGHURTEIS UND BLAUBEER-TOPPING

Restaurant & Bar Wandrahm, Seite 74

ZUTATEN

Mürbeteig *250 g Zucker, 500 g Butter, 1 kg Mehl*
Füllung *1,1 kg Frischkäse, 100 g Zucker, 80 g Sahne,*
250 g Vollei, 40 g Eigelb, 1 Vanilleschote, 45 g Mehl
Joghurteis *300 g griechischer Joghurt, 200 g Sahne,*
36 % Fettgehalt, 85 g Zucker
Blaubeer-Topping *200 g Blaubeermark,*
50 g Läuterzucker, 4 cl Crème de Cassis

ZUBEREITUNG

Für den Boden Zucker, Butter und Mehl zu einem Mürbeteig kneten. Teig in Springform geben, festdrücken und
bei 180 °C etwa 8 Minuten backen.
Frischkäse, Zucker, Sahne, Vollei und Eigelb zu einer
glatten Masse rühren. Vanilleschote auskratzen, Mehl
sieben und unterrühren. Die Masse auf den vorgebacke-
nen Mürbeteig geben und bei 95 °C etwa 45 Minuten
backen.
Für das Joghurteis griechischen Joghurt, Sahne und
Zucker zu einer glatten Masse rühren und über Nacht
gefrieren lassen. Vor dem Servieren durch den Pacojet
lassen.
Für das Blaubeer-Topping Blaubeermark und Läuterzucker aufkochen und Crème de Cassis unterrühren.
Ein Stück Cheesecake mit Eis und Topping auf einem
Teller anrichten.

WILDENTE MIT ROTKOHL
Speisenwirtschaft Wattkorn, Seite 80

ZUTATEN FÜR 4 PERSONEN
*1 Wildente, trockener Rotwein oder Noilly Prat, Sahne,
750 g Rotkohl, 6 Wacholderbeeren, 2 Lorbeerblätter,
1 gewürfelte Zwiebel, 40 g Butter, 100 ml Geflügelfond,
1 EL Preiselbeerkonfitüre, 1 Apfel, 500 g Wildknochen,
50 g feingewürfelte Möhre, 1 l Wildfond, 1 Lorbeerblatt,
6 Pfefferkörner, 50 g Johannisbeergelee, 40 g eiskalte
Butterwürfel, Mehl, Öl, Salz und Pfeffer*

ZUBEREITUNG
Den Backofen auf 200 °C vorheizen, die Saftschale mit
Wasser füllen. Die Ente innen und außen gründlich
abspülen, salzen und pfeffern. Innereien beiseitelegen.
Mit einem Bindfaden Schenkel und Flügel zusammen-
binden. Die Ente dann mit der Brustseite nach unten auf
den Rost legen und eine halbe Stunde braten lassen.
Danach wenden und weitere 20 Minuten braten. In der
Zwischenzeit die Innereien scharf anbraten, mit Rotwein
ablöschen und kräftig einkochen. Die Sauce durch ein
Sieb gießen, abschmecken und mit etwas Sahne verfei-
nern. Die Ente immer wieder mit einer Gabel anstechen,
damit das Fett abläuft und die Haut knusprig wird. Sobald
sie goldbraun ist, die Ente aus dem Ofen nehmen und
sofort servieren.

Vom Rotkohl die äußeren Blätter entfernen, den Kopf
halbieren und in Streifen schneiden. Den Kohl in einem
Topf mit etwa 500 ml kräftigem Rotwein und den
Gewürzen einen Tag zugedeckt marinieren. Erst die
Zwiebel in Butter anschwitzen, dann auch das Kraut.
Marinade und Geflügelfond zugießen, mit Salz und Pfeffer
abschmecken. Den Kohl 90 Minuten köcheln lassen, bis
er weich ist, aber noch Biss hat. Dann im Durchschlag
abtropfen lassen und den Fond auffangen. Diesen mit der
Preiselbeerkonfitüre einkochen, bis er kräftig schmeckt.
Den Apfel schälen, in kleine Spalten schneiden und mit
dem Kraut in den Fond geben.

Für die Sauce die Wildknochen im Öl dunkel anrösten.
Die gewürfelte Möhre zugeben, mit Mehl bestäuben.
Wenn alles gut angebräunt ist, mit Wildfond und etwa
50 Milliliter Rotwein ablöschen. Lorbeerblatt und Pfefferkörner zugeben. Bei milder Hitze auf 200 Milliliter
einkochen. Durch ein feines Sieb geben. Salzen und
pfeffern. Die dunkle Wildsauce mit dem Johannisbeergelee mischen. Vor dem Servieren die eiskalten Butter-
stücke unterrühren.

REZEPTE

LACHSFILET „SHICHIMI STYLE" AUF GURKENSALAT
Das Seepferdchen am Hafen, Seite 86

ZUTATEN FÜR 4 PERSONEN
Lachsfilet *400 g Lachsfilet auf der Haut, 1 Mandarine, 50 g Salz, 50 g Zucker, 1 EL Sesam, geröstet, Szechuanpfeffer, frisch gemahlen, 1 Chilischote, frischer Koriander, 4 EL Schmand, 1 TL Wasabi*
Gurkensalat *1 Salatgurke, 2 EL Mirin, 1 EL Sweet Chili-Sauce, 1 Prise Sesam, 4 EL Erdnussöl, Salz, Pfeffer*

ZUBEREITUNG
Den Lachs waschen und trocken tupfen. Bei der Mandarine mit einem Zestenreißer feine Zesten abziehen. Ist kein Zestenreißer vorhanden, mit dem Sparschäler die Schale dünn abschälen und grob hacken. Die Mandarine halbieren, den Saft in eine Schüssel pressen. Mandarinenzesten hinzu geben. Salz, Zucker, Sesam und Szechuanpfeffer sowie die grob gehackte Chilischote hinzu geben und alles verrühren. Den Koriander hacken und mit in die Beize geben. Den Fisch auf der Hautseite auf eine Folie legen, mit Marinade bedecken und in Folie wickeln. Für 24 Stunden im Kühlschrank beizen lassen. Dabei zieht der Lachs Wasser und gewinnt so an Festigkeit.

Die Gurke längs schälen. Dann rundherum mit dem Sparschäler dünne Streifen abschälen. Mirin mit Sweet Chili Sauce und Sesamsaat verrühren. Langsam das Erdnussöl einlaufen lassen und mit Salz & Pfeffer abschmecken. Die Gurkenstreifen in der Marinade wenden, abschmecken und längs auf einem Teller anrichten. Den Lachs in 4 Stücke teilen, auf der Hautseite kurz ohne Öl in der Pfanne anbraten und auf dem Gurkensalat anrichten. Aus Schmand und Wasabi einen Dip anrühren und dazu reichen.

DRY AGED T-BONE-STEAK
Beisser GmbH & Co. KG, Seite 88

ZUTATEN FÜR 2 PERSONEN

Steak *1 T-Bone-Steak à ca. 800 g, 2 Finger dick (6 Wochen dry aged gereift), 1 EL Rindertalg oder Pflanzenöl, 1–2 Rosmarinzweige, 150 g Butter, Steakpfeffer, Meersalz in Flocken*

Kartoffeln *700 g kleine Kartoffeln (festkochend), 1–2 Rosmarinzweige, 3–4 EL Olivenöl, Meersalz in Flocken*

Salat *Wildkräutersalat, 3 EL Olivenöl, 2 EL Balsamico (dunkel)*

Senf *Ahornsirup oder Honig, Salz, Pfeffer aus der Mühle*

ZUBEREITUNG

Den Ofen auf 180 °C vorheizen, bei einem Umluftofen das Gebläse ausschalten. Die Rosmarinblätter von den holzigen Stängeln trennen und grob durchhacken. Die Kartoffeln nach Belieben mit oder ohne Schale kurz abwaschen und halbieren oder vierteln. Dann in eine Schüssel geben und mit den gehackten Rosmarinblättern, Olivenöl und dem Meersalz vermengen. Die Kartoffeln in eine Auflaufform oder ein Ofenblech geben und etwa 60 Minuten in den Ofen auf die unterste Schiene stellen. Aus Olivenöl, Balsamico, Senf und Ahornsirup oder Honig ein Dressing herstellen. Mit Salz und Pfeffer abschmecken.

Für das T-Bone-Steak eine Pfanne aufstellen und stark erhitzen. Wenn die Pfanne heiß ist, den Rindertalg oder alternativ das Öl in die Pfanne geben und das Steak von jeder Seite 2 bis 3 Minuten scharf anbraten, sodass es eine schön Farbe bekommt. Danach das Steak aus der Pfanne nehmen und die Pfanne beiseite stellen. Das Steak auf ein Gitterrost oberhalb der Kartoffeln legen, damit das Fett und austretender Fleischsaft in die Kartoffeln tropfen kann. Den Ofen auf 150 °C herunterdrehen und das Steak 7 bis 8 Minuten im Ofen lassen. Dann einmal drehen und nochmals 7 bis 8 Minuten im Ofen lassen. Das Fleisch ist ideal, wenn es eine Kerntemperatur von 48 bis 50 °C hat. Dann ist es Medium Rare. Das Fleisch aus dem Ofen nehmen und auf einem Teller etwa 10 Minuten ruhen lassen.

In der Zwischenzeit die Butter und ein wenig gehackten Rosmarin in die Pfanne geben. Die Butter auf mittlerer Hitze braun (nussig) werden lassen. Das Steak hineinlegen und es von beiden Seiten in der heißen Butter schwenken.

Jetzt den Salat marinieren, die Kartoffeln aus dem Ofen holen und alles anrichten. Das Fleisch kann vor dem Anrichten aus dem Knochen gelöst, von Fett und Sehnen befreit und in fingerdicke Streifen quer zur Faser vortranchiert werden. Über das Fleisch noch etwas von der Butter aus der Pfanne geben, mit Salz und Pfeffer würzen.

REZEPTE

HIRSCHTATAR AUF ROTE BETE CARPACCIO
Hamburgs Wildnis, Seite 90

ZUTATEN FÜR 4 PERSONEN

Tatar *300 g Hirschoberschale, 25 g Gewürzgurke,*
15 g Schalotten, 5 g Kapernbeeren, 2 EL Walnussöl,
Salz, Schwarzer Pfeffer aus der Mühle
Rote Bete Carpaccio *150 g gekochte Rote Bete,*
2 EL Balsamicoessig hell, 2 EL Traubenkernöl,
1 EL Zucker, Salz, Pfeffer, 80 g Rucolasalat

ZUBEREITUNG

Für das Tatar frisches Hirschfleisch in hauchdünne Scheiben und dann in Streifen schneiden, das Ganze fein
würfeln. Schalotten und Gewürzgurken ebenfalls in
dünne Scheiben hobeln oder schneiden und fein würfeln.
Kapern klein hacken, mit dem Fleisch und den restlichen
Zutaten in eine Schüssel geben und vermengen. Würzung
nach dem Vermengen überprüfen, gegebenenfalls nach-
würzen.

Für das Rote Bete Carpaccio die gekochte Rote Bete
abtropfen lassen und den Fond auffangen. Den Fond mit
dem Balsamicoessig, Salz, Pfeffer und Zucker mischen,
anschließend mit dem Öl langsam zu einer Marinade
mixen.

Den Rucolasalat waschen und gut trocknen, zum Beispiel
auf einem Tuch oder in der Salatschleuder. Den Salat mit
der Rote Bete Marinade anmachen.

Rote Bete in dünne Scheiben schneiden. Fächerförmig auf
dem Teller anrichten und mit der Marinade bestreichen,
nach Geschmack noch mit etwas Salz und Pfeffer abschmecken.

Mit einem Anrichtering das Tatar mittig auf das Rote Bete
Carpaccio geben und im Ring glatt drücken. Mit einer
Palette ein Karomuster in das Tatar drücken. Den Rucola
mit der Marinade anmachen und hoch auf das Tatar
setzen. Dazu Krustengraubrot servieren.

„SALZWIESE IM SALZMEER" — KÖNIGSKRABBE UND KALBSBÄCKCHEN MIT HANDGEMACHTEN RAVIOLI UND FERMENTIERTEM GEMÜSE
engelke – Pasta, Olio, Vino, Seite 98

ZUTATEN FÜR 4 PERSONEN

Kalbsbacke *1,5 kg Kalbsbacken, Mirepoix Gemüse (Sellerie, Karotten, Petersilienwurzel, Zwiebeln), Tomatenmark, 200 ml Rotwein, ca. 500 ml Wasser*

Königskrabbe *1,5 kg Königskrabbe, 100 ml Weißwein, 2 l Wasser, 52 Wacholder, 2 Lorbeerblätter, Salz*

Ravioli Füllung *500 g mehlig kochende Kartoffeln, 2–4 EL Sahne, 100 g Ricotta, 1 Schalotte, 20 g Butter, 1 Zweig Thymian, evtl. 1–2 EL flüssige Sahne, Salz, Pfeffer*

Pastateig *200 g Mehl (Typ 405), 1 Ei, 1 Eigelb, ½ EL Olivenöl (Extra, Erste Pressung), Salz, 1 EL Milch*

Fermentiertes Gemüse *Gemüse der Saison, 500 ml Weißwein Essig, 500 ml Wasser, 1 000 g Zucker Zimt, 20 g Senfsaat, 1 Zitrone, 1 Orange, 10 Blätter Salbei, 5 Wacholder*

ZUBEREITUNG

Fleisch vom Fett befreien, mehlieren und scharf in Rapsöl anbraten. Mirepoix und Tomatenmark hinzugeben. Mit Rotwein ablöschen und mit etwas Wasser auffüllen, ca. 2 Stunden schmoren. Danach die Sauce durchs Sieb passieren und das Fleisch wieder in die Sauce geben. Für die Königskrabbe aus Weißwein, Wasser, Wacholder und Lorbeerblättern Sud herstellen. Krabbe im Sud ca. 10 Minuten einkochen lassen. Aus dem Panzer lösen und vor dem Servieren kurz in Butter schwenken und salzen. Kartoffeln kochen und mit der Sahne ein Püree erstellen. Mit dem Ricotta mischen. Die Mischung muss sehr tro-

cken bleiben. 500 Gramm vom Krabbenfleisch klein schneiden. Schalotte fein würfeln und mit dem Zweig Thymian in der Butter glasig schwitzen lassen. Später zur Kartoffel-Ricotta-Masse geben. Bei zu fester Konsistenz 1 bis 2 Esslöffel Sahne zugeben und mit Salz und Pfeffer würzen.

Das Mehl auf einer Arbeitsfläche türmen und in der Mitte eine Mulde formen. Die restlichen Zutaten hinein geben und von außen nach innen alles vermischen und durchkneten. Den Teig dünn ausrollen oder durch die Nudelmaschine in Bahnen bringen. Es sollte ein 16 Zentimeter breites Stück ergeben. Eigelb und Milch vermischen und eine Hälfte der Bahn bestreichen. Die Ravioli-Füllung mit einem Spritzbeutel mit einem Abstand von 8 bis 10 Zentimetern in 12 Häufchen auf die untere Hälfte der Bahn aufspritzen. Mit der anderen Hälfte abdecken und mit dem Zeigefinger direkt neben den Füllungen gut andrücken, ausstechen und Kanten gut verschließen. Gemüse der Saison in Formen schneiden. Eine Marinade mit Essig, Wasser, Zucker, Zimt, Senfsaat, Abrieb von Zitrone und Orange, Salbei und Wacholder aufkochen und auf das Gemüse gießen, bis es bedeckt ist. Über Nacht stehen lassen. Ravioli 10 Minuten in siedendem salzigem Wasser gar kochen und pro Person 3 Stück anrichten. Darauf das restliche Krabbenfleisch und etwas Schaum. Die Kalbsbacke schneiden und mit Jus anrichten. Das Gemüse lauwarm anrichten.

REZEPTE

LAMMRÜCKEN MIT PISTAZIENKRUSTE AN GRANATAPFEL-BULGUR UND SAFRANSAUCE
Restaurant MAZZA, Seite 104

ZUTATEN FÜR 4 PERSONEN

Lammrücken *600 g ausgelöster Lammrücken (ohne Fettschicht und Silberhaut), 1 Knoblauchzehe, 4 Zweige Thymian, Salz, 2 EL Olivenöl*

Pistazienkruste *2 EL Semmelbrösel, 1 TL schwarze Pfefferkörner, 60 g Pistazienkerne, 3 EL Olivenöl*

Granatapfel-Bulgur *800 ml Gemüsebrühe, 200 g Bulgur, 1 orangene Paprika, 2 Karotten, 1 Petersilienwurzel, 100 g Zuckerschote, 20 Basilikumblätter, 1 Granatapfel, 3 EL Olivenöl, Saft einer Zitrone, 1 Prise Cayennepfeffer, 1 EL Balsamicoessig, 1 Bund Dill*

Safransauce *1 Schalotte, 150 ml trockener Weißwein, 250 ml Lammfond, 200 ml Crème fraîche, 1 g Safranfäden, aufgelöst in etwas Weißwein*

ZUBEREITUNG

Für die Pistazienkruste die Pistazien im Blitzhacker nicht zu fein zerkleinern. Pfefferkörner im Mörser fein zerstoßen. Beides mit den Semmelbröseln und Olivenöl mischen. Den Backofen auf 200 °C (Umluft 180 °C) vorheizen.

Für den Lammrücken das Fleisch mit angedrückter Knoblauchzehe einreiben und mit Salz und Pfeffer würzen. In der Pfanne im heißen Olivenöl mit Thymianzweigen rundherum 2 bis 4 Minuten braun anbraten. Die Pistazienbrösel auf der Fleischseite verteilen, leicht andrücken und auf der untersten Stufe in 4 bis 5 Minuten hellbraun

gratinieren. Den Lammrücken offen im Ofen bei 180 °C auf unterer Schiene 8 bis 10 Minuten fertig braten.

Für den Granatapfel-Bulgur die Gemüsebrühe zum Kochen bringen, den Bulgur einrühren, Hitze reduzieren und den Bulgur 15 bis 20 Minuten quellen lassen. Gelegentlich umrühren. Paprika waschen, putzen und in Streifen schneiden. Karotten schälen, halbieren, in Scheiben schneiden. Petersilienwurzel schälen, halbieren und schräg in Längsstreifen schneiden. Zuckerschoten waschen und schräg vierteln. Basilikumblätter waschen und grob zerkleinern. Den Granatapfel halbieren und die Kerne entfernen. Olivenöl in der Pfanne erhitzen, das klein geschnittene Gemüse darin bissfest anbraten. Zitronensaft und Cayennepfeffer zugeben und alles 5 Minuten dünsten. Den Bulgur mit dem Gemüse in eine Schüssel geben. Das restliche Olivenöl und den Balsamicoessig darüber gießen und alles gut mischen. Zum Schluss den Dill fein hacken und zusammen mit dem Basilikum und den Granatapfelkernen unterheben.

Für die Safransauce die Schalotte klein schneiden und in den Lammrückensud geben. Den Wein zu den Schalotten gießen und bis auf zwei Esslöffel einkochen. Den Fond einrühren und bis auf eine halbe Tasse reduzieren. Die Crème fraîche und den aufgelösten Safran zufügen und köcheln lassen, bis die Sauce leicht eingedickt ist.

TEMPURA
YOSHI im Alsterhaus, Seite 108

ZUTATEN FÜR 4 PERSONEN
(DAS FOTO ZEIGT DAS GERICHT FÜR EINE PERSON)
16 Garnelen (Größe 16–20), 4 Scheiben Weißer Fisch oder Sepia, 1 Paprika (rot oder grün), ½ Aubergine, ½ Karotte, ½ Zucchini, 4 Stangen grüner Spargel, 1 Kräuterseitling oder 2 Shiitake Pilze, 1 Ei, 200 g Mehl, 1,5–2 l Rapsöl, 10 g Seetang, 10 g Bonito-Flocken, 100 ml Mirin (süßer Kochwein), 100 ml Sojasauce, 400 ml Dahi, 1 TL geriebener Rettich, 1/3 TL geriebener Ingwer

ZUBEREITUNG
Alle Garnelen pellen und Darm entfernen. In die Bauchseite vier kleine Schnitte machen und die Garnelen festdrücken, damit sie gerade werden. Dann das Gemüse säubern und dünn und klein schneiden. Alle Zutaten gut abtrocknen.

Für den Teig 200 ml kaltes Wasser und ein Ei mischen und dazu nach und nach eine kleine Menge Mehl unterrühren. Zum Frittieren anderthalb bis zwei Liter Rapsöl bei 180 °C erhitzen. Alle Zutaten in den Teig tauchen und im Öl frittieren.

Für die Tempura-Sauce zunächst den Dashi (Fischsud) herstellen. Dazu zehn Gramm Seetang in 500 Milliliter Wasser zum Kochen bringen und zehn Gramm Bonito-Flocken dazu geben. Danach gut sieben. Dashi, Mirin und Sojasauce im Verhältnis 8:1:1 mischen. 100 Milliliter Dahi pro Person, einen Teelöffel geriebenen Rettich und einen Drittel Teelöffel geriebenen Ingwer in die Sauce geben. In die warme Tempura-Sauce tunken und genießen.

NORWEGISCHE APFELPFANNKUCHEN
Karlsons – Skandinavische Köstlichkeiten, Seite 112

ZUTATEN FÜR 6 BIS 8 PERSONEN
5 Eier, 200 g Zucker, 800 g Mehl, 1 l Kefir, 1 TL Natron, 1 TL Hirschhornsalz, 100 g geschmolzene Butter

ZUBEREITUNG
Natron und Hirschhornsalz in getrennten Tassen mit etwas Kefir auflösen und ca. 20 Minuten gehen lassen. Eier und Zucker schaumig schlagen. Kefir dazu geben. Mehl langsam unterrühren, zum Schluss die Butter. Teig muss frei von Klumpen sein und ca. 30 Minuten gehen. Eventuell mit etwas Mineralwasser verdünnen. In der Pfanne mit Apfelspalten belegen und in Butter goldbraun backen.

REZEPTE

ZWEIERLEI SCHOKOLADENSOUFFLÉ MIT GEWÜRZKIRSCHEN UND MANGOSCHAUM
Schlemmerschule, Seite 120

ZUTATEN FÜR 4 PERSONEN

Schokoladensoufflé *100 g Kuvertüre 65 %, 2 Eigelbe,*
2 Eier, 2 TL Mehl, 2 EL Zucker, 100 g Butter
Schokoladensoufflé hell *150 g weiße Kuvertüre,*
2 Eigelbe, 2 Eier, 4 TL Mehl, 1 EL Zucker, 50 g Butter
Gewürzkirschen *250 g Kirschen (frisch oder TK), Honig,*
Salz, Pfeffer, Zimt gemahlen, Tonkabohne,
3 Stck. Sternanis, 1 Zimtstange, Rotwein, Speiseöl
Mangoschaum *1 vollreife Mango, 50 ml Sahne,*
1 TL Zucker

ZUBEREITUNG

Für das dunkle Schokoladensoufflé die Schokolade mit
der Butter schmelzen und in der Zwischenzeit die Eier,
Eigelbe und den Zucker schaumig schlagen. Den Herd
auf 200 °C vorheizen. Die geschmolzene Schokolade
etwas abkühlen lassen und unter die Eimasse heben.
Abschließend das Mehl unterheben.
Zum Schluss das Ganze in die Förmchen füllen und für
6 Minuten im Ofen backen. Zum Anrichten auf einen
Teller stürzen.
Für das helle Schokoladensoufflé ebenso vorgehen wie
bei der Zubereitungsweiße für das dunkle Schokoladensoufflé.

Für die Gewürzkirschen den Zucker in einer Pfanne
karamellisieren und mit Rotwein ablöschen. Kurz
aufkochen lassen und die Kirschen hineingeben. Mit den
Gewürzen abschmecken und 5 Minuten durchziehen
lassen. Lauwarm oder kalt servieren.
Für den Mangoschaum die Mango schälen, in kleine
Stücke schneiden und glatt pürieren. Mit Zucker abschmecken und mit der Sahne glatt rühren. Um kleine Stücke
herauszufiltern, einmal durch ein feines Sieb streichen. In
einen Sahnesiphon geben und mit zwei Patronen auf-
schäumen.
Die beiden Soufflés gemeinsam mit den Gewürzkirschen
und dem Mangoschaum anrichten und servieren.

LACHSTATAR MIT MEERESSPARGEL AN EINER GURKEN-GAZPACHO
Gisela Marie Gust – Champagner & Weine & Raritäten, Seite 128

ZUTATEN FÜR 4 PERSONEN

1 Gurke, 4 EL Speisequark oder Philadelphia, 1 EL Meerrettich aus dem Glas, 200 g Lachsfilet ohne Haut, ½ Bd. Dill, 2 TL klein geschnittenen Meeresspargel (Salicornes), 4 TL Lachskaviar, ½ Bd. glatte Petersilie, 1 hartgekochtes Ei, Salz und Pfeffer aus der Mühle

ZUBEREITUNG

Die halbe Gurke gründlich waschen, vier dünne Scheiben abschneiden und beiseite legen. Sie werden später für die Dekoration verwendet. Die andere Hälfte der Gurke schälen und alles im Mixer pürieren. Anschließend den Käse und den Meerrettich unterrühren. Mit Salz und Pfeffer abschmecken. Lassen Sie die Gazpacho in einem Sieb abtropfen und stellen Sie sie anschließend kühl.
Für das Tatar empfehlen wir einen Bio-Lachs aus dem Atlantik, der festes Fleisch hat und leicht in kleine Würfel zu schneiden ist. Zuvor mit Hilfe einer Edelstahl-Pinzette die eventuell im Lachsfilet verbliebenen großen Gräten herausziehen. Dann den Lachs in kleine Würfel schneiden (ca. 5 x 5 mm). Dill klein hacken, die Lachswürfel vorsichtig mit dem Meeresspargel und dem Dill vermengen. Mit Salz und Pfeffer abschmecken.

Für die Dekoration das hartgekochte Ei pellen und in kleine Würfel schneiden. Diese dann mit den zerhackten Petersilieblättern vermischen. Das Tatar in der Mitte von vier Tellern platzieren und darauf je einen Teelöffel Lachskaviar geben. Diese mit der Ei-Petersilienmischung umrahmen. Kurz vor dem Servieren die Gazpacho rund um das Tatar geben und jeweils eine Gurkenscheibe dazu stellen oder legen. Empfehlung dazu: ein Glas Champagner Jacob Robert PRIVÉE.

ADRESSVERZEICHNIS

ADRESSVERZEICHNIS

REZEPTVERZEICHNIS

Besondere Adressen für Sie entdeckt

Schweizer Seeland
128 Seiten, Hardcover
978-3-86528-873-8

Lothringen – La Lorraine
176 Seiten, Hardcover
978-3-86528-507-2

Mecklenburg-Vorpommern
368 Seiten, Hardcover
978-3-86528-460-0

Ortenau
144 Seiten, Hardcover
978-3-86528-437-2

Schätze aus der Pfalz
208 Seiten, Hardcover
978-3-86528-493-8

Schätze Bodensee und Oberschwaben
192 Seiten, Hardcover
978-3-86528-556-9

Wiesbaden und das Rheingau
128 Seiten, Hardcover
978-3-86528-857-8

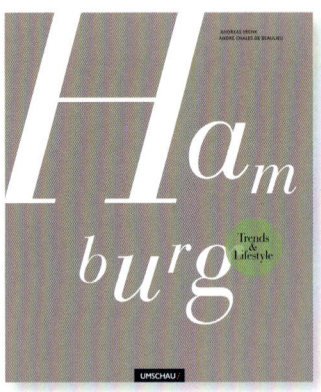

Hamburg
160 Seiten, Hardcover
978-3-86528-455-6

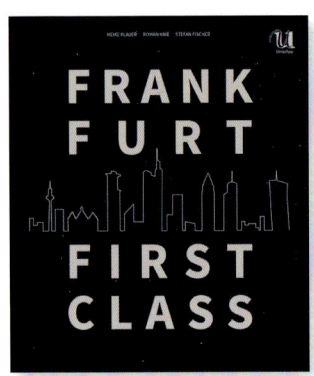

Frankfurt First Class
192 Seiten, Hardcover
978-3-86528-870-7

Raum & Design München
184 Seiten, Hardcover
978-3-86528-546-1

Bestes Handwerk Niederbayern
160 Seiten, Hardcover
978-3-86528-465-5

**Faszination Welterbe
Deutschlands Westen**
326 Seiten, Hardcover
978-3-86528-853-0

Weitere Empfehlungen für Sie

Süßes aus der Landküche
160 Seiten, Softcover
978-3-86528-686-4

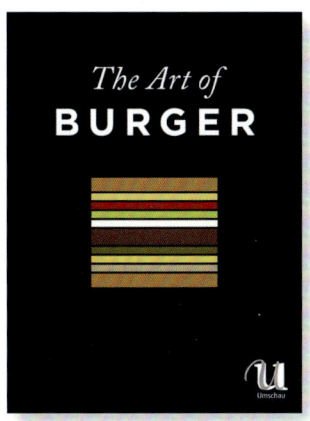

The Art of Burger
144 Seiten, Hardcover
978-3-86528-725-0

Gemüse essen
234 Seiten, Hardcover
978-3-86528-762-5

Drunter & Drüber
208 Seiten, Hardcover
978-3-86528-746-5

Wein? Yes!
176 Seiten, wattierter Umschlag
978-3-86528-770-0

Wild
256 Seiten, Hardcover mit Lesebändchen
978-3-86528-734-2

Umschau

Für weitere Informationen über unsere Reihen
wenden Sie sich direkt an den Verlag:

Neuer Umschau Buchverlag GmbH
Moltkestraße 14
D-67433 Neustadt/Weinstraße

☎ + 49 (0) 63 21 / 8 77-833
🖨 + 49 (0) 63 21 / 8 77-859
@ info@umschau-buchverlag.de

Besuchen Sie uns
auch im Internet:
www.umschau-buchverlag.de

IMPRESSUM

© 2015 NEUER UMSCHAU BUCHVERLAG GMBH
Neustadt an der Weinstraße

RECHERCHE
Sabine Vatterodt, Hamburg
Sandra Leibner, Syke
Rafii Bijan, Hamburg
Katrin Hainke, Hamburg

TEXTE
Claus Spitzer-Ewersmann und Mareike Lange, Oldenburg
Redaktionelle Mitarbeit: Torben Rosenbohm und Corinna Fuchs-Laubach
www.mediavanti.de

Der Text auf Seite 67 stammt von Katrin Hainke.

FOTOS
Markus Tollhopf, Hamburg
www.tollhopf.de

LEKTORAT & PRODUKTION
Mediavanti OHG – Agentur für Text und Konzept, Oldenburg
www.mediavanti.de

GESTALTUNG & REPRODUKTION
STOCKWERK2 – Agentur für Kommunikation, Oldenburg
www.stockwerk2.de

KARTE
Thorsten Trantow, Herbolzheim
www.trantow-atelier.de

DRUCK & VERARBEITUNG
NINO Druck GmbH, Neustadt an der Weinstraße
www.ninodruck.de

Printed in Germany
ISBN: 978-3-86528-887-5

Wir bedanken uns für die freundlicherweise zur Verfügung gestellten Fotos bei
Herzapfelhof Lühs (S. 26–27), Witthüs – Restaurant. Café. Teehaus (S. 63),
Beisser GmbH & Co. KG (S. 89), engelke – pasta, olio, vino (S. 99), Restaurant Yak & Yeti
(S. 103), Ralf Buscher Photography (S. 108, 110), YOSHI im Alsterhaus (S. 109 o.),
Klocke-Verlag/Ydo Sol (S. 111 m.), Gisela Marie Gust (S. 129)

Besuchen Sie uns im Internet:
www.umschau-verlag.de